フシギなくらい見えてくる!

本当にわかる 心理学

心理学者・臨床心理士
植木理恵

日本実業出版社

はじめに

「本当にわかる心理学を書いてください。『本当に』がポイントです。世間の流行やトレンドは気にしなくていいですから」……そう依頼されたとき、私は嬉しかった。心理学の真骨頂を伝えられるときがやっと来た、と思った。

「でしたら、みんなが大好きな『心理テスト』も『深層心理』も、頭から否定しますけど?」——。戸惑う編集者の顔を覗き込みながら、私の心は浮き足立っていた。ずっと書きたかったのだ。そういう本当の本が。

だから本書は、心理学初心者の方には、少し難しいと感じることがあるかもしれない。しかし声を大にして言いたいのだが、そこで感じるかもしれない「難しさ」こそが、実は心理学が持つ本質的な「面白さ」なのである。

本書は、心理学の「解(答え)」だけを並べるのではなく、そこに至るまでの「式」の立て方、つまり「学者の考え方」に焦点をあてたところに特徴がある。「解」というのは、たとえば、「この性格タイプの人とは相性がいい」「この色を身にまとう人は信用できる」といった、即物的な結論の部分。「式」というのは、その解を導くための「ものの見方」「結論までの考え方」といったプロセスの部分である。

数学であれ、哲学であれ、そして心理学であれ、学問の本当の面白さは（もちろん「解」もさることながら）、それに至るまでの「式」、つまりプロセスの中にこそ潜んでいる。「なるほど、こんな見方があったのか。こんな考え方をするのか」という新しい方法論と出逢うことで、創造の枝は四方に伸び、人生は豊かになる。

結局は何の役に立つの？　と、即物的な「解」だけを求める生き方はソンだと思う。それは自分の箸で肉をシャブシャブせずに、皿の上にポンと置いて出された「薄切りゆで肉」を食む生き方だからだ。

しかも、「これがシャブシャブか。たいしたことないな」と、間違って思い込んだまま生きて行くのと同じだ。解だけを味わおうとする行為は、かくも物事の醍醐味を失する危険性がある。

よって本書は、あくまで解と式の両掲載にこだわった。そういう意味で「本当にわかる」に拘泥した。初めて心理学に触れる方はもちろん、すでに心理学を知っている方や、心理学とはこんなものというイメージがある方にもぜひお勧めしたい。

学問のあり方について、今一度、深く再考する機会になれば幸甚である。

二〇一〇年春

植木理恵

もくじ

フシギなくらい見えてくる！
本当にわかる心理学

第3章 「実験」で測る心理学

第4章 「観察」で見抜く心理学

第5章 「理論」を整理する心理学

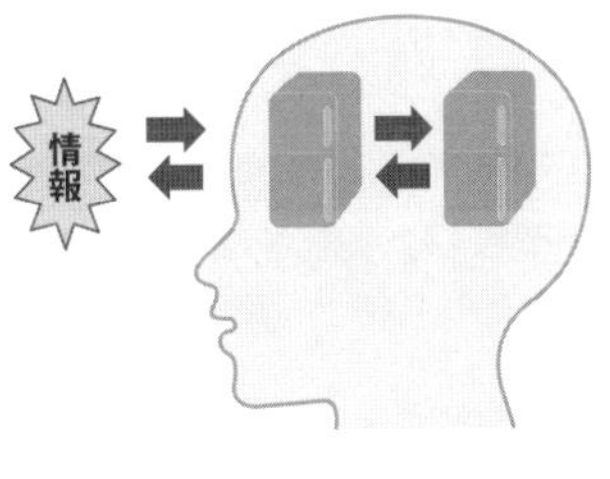

第6章 「技法」を提示する心理学

カバーデザイン◎モウリ・マサト
カバーイラスト◎ネモト円筆
本文DTP◎ムーブ（徳永裕美）

第1章

心理学とは何か

目に見えなくとも そこには「ある」？

▼無意識と深層心理

「**心理学**の父は？」と聞かれて、まっ先に浮かぶ人物は誰だろうか。多くの人が、**フロイト**や**ユング**を挙げるのではないだろうか。私自身も、かつてはそうであった。**自我**、**リビドー**、**コンプレックス**、**夢分析**……、彼らが口にする概念は、すべてが謎めいていて魅惑的だ。**深層心理**への不思議な旅に、現代を生きるわれわれを、いまもなお、いざなってくれる。

◉科学的ではなかった一九世紀の「心理学」

しかし、ちょっと思い巡らせてみて欲しい。いったい誰が「自我」をその目で見たというのか？　誰が「コンプレックス」を、測定し数値化したというのか？

フロイトやユング、そして**アドラー**らが「心」を研究していた一九世紀、心理学は、哲学やキリスト教の影響を少なからず受けていた時代であった。つまり、産声をあげたばかりの心理学は、まだ「**現代科学**」の体裁を整えておらず、当時の思想、文化、神話から独立していなかったのだ。

一口メモ

ジークムント・フロイト（Sigmund Freud　1856～1939）　オーストリアの精神医、精神分析学者。幼児期の性的外傷体験の抑圧がヒステリー症をつくるという視点を設定し、精神分析学という独自の体系を創始した。後世の心理学研究に多大な影響を与えた。

概念の存在を証明できるのか？

むしろ、当時重視されたのはビリーバビリティ（Believability＝話のもっともらしさ）であった。したがって、**無意識**や**抑圧**といった概念を「眼で」測定できるようにすることや、**実存**するということを「証明」しようとする営みは、〝思想家〟たちにとってさほど重要な関心事ではなかったのだろう。

たとえ見えなくても、実際に触れることができないものであっても、思想としての整合性と美しさを完璧に持ち合わせているものは、疑うまでもなく「主」がこの世に造り給うたのだ――。そう結論づけられてしまうのが、むしろ、当時の思想法の王道だったといえる。つまり、この頃に急激に流行った心理学は、ある種、魔術的・スピリチュアルな思想に近かったのだ。

ちなみに、「抑圧された深層心理」は、

絶対に他者の目には見えない（なぜなら「深層」なのだから）。無意識も絶対に観測できない（なぜなら「無」意識なのだから）。したがって、それらのものが本当にあるのかないのかも、科学的にはいまだ謎に包まれたままである。そしてこれからも先も、フロイトたちが提唱してきたさまざまな概念の「実存的な有無」を検証することは、理論上不可能だろう。

にもかかわらず、彼らの考え方は一五〇年もの間、世界中の人々から熱心に支持され、研究者のみならず市井の人々の心をもとらえ続けている。私の観察では、特に女性はこれに心酔する傾向にある。

「あなたは、無意識に潜む**エゴ**に苦しめられている」……分析医がそう、厳かに告げれば、多くの女性は（はたから見ていて「エッ？」と思うくらい）、納得し涙する。不思議である。実際、私の勤務する**心療内科**でも、初めて来談するときには、近代的な**心理療法**や**カウンセリング**よりも、ヨーロッパ式の伝統的な**精神分析**に興味を持っている患者が少なくない。

◉「心理学」は誤解されている？

そのうえ、精神分析のイメージからくる発想なのか、

- あなたの無意識には、こういう欲求が潜んでいる
- この仕草をする人は、本当はこういう**願望**を持っている

一口メモ

カール・ユング（Carl Jung　1875～1961）　スイスの精神科医、分析心理学者。無意識には個人的なものにとどまらず集合的無意識も存在するとし、リビドーの拡大解釈も行なうなど、当初交流のあったフロイトとは後に対立。人類学、神話学、宗教、芸術などとの関連も重視した。

フロイトによる意識の三層構造

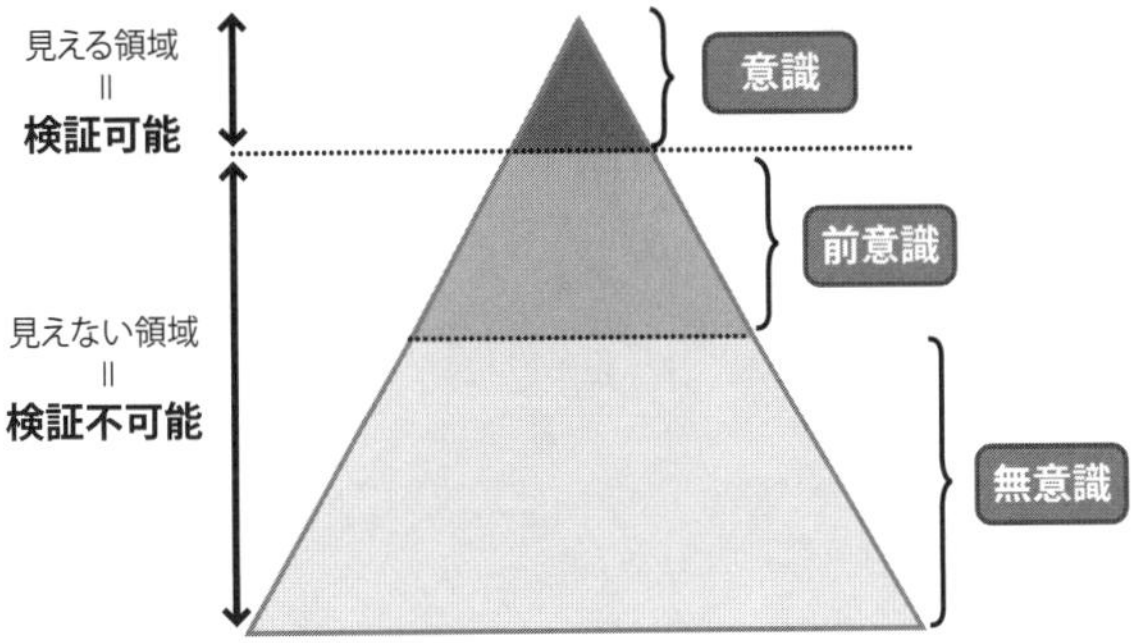

といった話題は、若者の間でとても人気があるようだ。そういう類のバラエティ番組や雑誌、出版社からのオファーはいつでも絶えることがない。しかし、私はそういう不確かなことを、真実のように騙ることができないでいる。心理学の真の意味が誤解されていくのには、もう耐えられないのだ。

　目に見えなくても、そこには「ある」……。この考え方はたしかにロマンティックで夢がある。しかし、少なくともこの段階では、「科学的学問」と呼ぶことはできない。

　そして、「**フロイディアン**」や「**ユンゲリアン**」と呼ばれる熱狂的ファンからの反感を恐れずにあえて述べるが、もはや彼らの主張は、きわめて人気のある「古典神話」を系統立てて語り継いでいる行為に過ぎず、厳密な意味での**心理学研究**とは分けて考えるべきだと私は思っている。

目に見えないものはそこには「ない」！

▼心理学への科学的アプローチ

さて一方で、「科学」の様式にこだわる**実験心理学**の研究者に「心理学の父は？」と問えば、例外なく、**ヴント**の名を挙げるだろう。

彼は、フロイトと同じく一九～二〇世紀初頭にかけての神経学者、生理学者であった。しかし「心」というものに対するアプローチの仕方は、深層心理学者とはまったく異なる。無意識や抑圧といった頭の中で想定した概念を徹底的に排除し、眼に見える測定・数値化を重んじる学問、すなわち実験室での心理学の礎を築いたといえる。

さらに、フロイトとの大きな違いは、**セラピスト**が相手に深層心理分析を与えるのではなく、実験的に統制された条件下で、患者自らが、自分自身の考えや意思を組織的に分析する方法を研究した点にある。むろんそのときに、ヴントらが測定の対象としたものは「無」意識ではなく、本人が明確に表現でき、発話時間や発話量など、数字に置き換えて測定できる「有」意識のみであった。

つまり彼は、実験的な心理学を確立させて体系化を行なうとともに、心理学の中

一口メモ

ヴィルヘルム・ヴント（Wilhelm Wundt　1832～1920）ドイツの心理学者。1879年に世界最初の心理学実験室を開設、心理学を独立の学問とした。心理学を直接経験の学と定義し、実験的内観による意識の分析を研究テーマとした。

に測定や数学といった科学を持ち込み、哲学や宗教から「切り離す」ことに挑んだ、最初の人物であるといえよう。

私自身は、彼らが提唱してきた研究法、つまり「科学としての心理学」の研究に、ずいぶん前から傾倒してきた。もちろん私だけではない。本格的に心理実験を学び始めたのは大学院からであるが、そこにいる若手の研究員全員が、さまざまな心の現象をいかに「科学的に」証明するかということに、血道をあげている。

現代心理学は、その科学的アプローチが主流となっており、心理学の大きな潮流となっている。

◉カウチベッドから真実は見えてこない

なぜ、そこまで心理学を科学にしようとするのか。その理由の一つは、そうすることがとても興味深いからだ。

たとえば、人はどういう状況で何を考え、行動し、成長していくのか。集団はどういう状況でどう動くものなのか。男と女はどう違うのか……。それを知るには、カウチベッドに横になって**瞑想**している場合ではない。実験室やフィールドに自ら出向き、「仮説→実験→解釈→考察」といった、厳密でタイトな科学の作法にのっとって研究しなければ、生々しい本当の人間像など見えてこない。

とはいえ、「心」のしくみは一筋縄ではいかない。科学の作法をもってしても、すぐに真実が解明されるわけではない。しかしそこがまた、楽しくてワクワクするのである。

実験の多くは仮説どおりの結果は出ず、実験者の目論見は見事に裏切られることがしばしばある。「頭で」勝手に組み立てた理屈をはるかに超えた結果が、いつも実験室をどよめかせるのだ（後で詳説するが、結果がつねに「予想通り」になるような実験は、やる意味がない）。

実験のたびに、人の心の複雑さ、行動の不思議さに打ちのめされる。その存在がいかに深く謎めいていて、想像の及ばない未知のものであるかという感動に、しばしば突き動かされる。そのことで、研究者は、さらに角度を変えた新たな実験を重ねていこうという、強いモチベーションを持ち続けることになる。そのため、実験の「失敗」は少しも残念なことではないのだ。

◉「心理学」は日常生活の役に立つ

そして実験心理学は、日常生活の役に立つこともぜひ付け加えておきたい。

たとえば、ある営業マンの月間売上がたったの一万円だったとする。

実験心理学者がそばにいれば、「なぜそうなったのか？ 彼の対応のどこがまずいのか？」ということを、条件や設定をどんどん変えながら探るだろう。すると、瞬時に彼の本当の敗因が明確になる。

一口メモ

エミール・クレペリン（Emil Kraepelin　1856～1926）ドイツの精神医学者。精神病を統合失調症と躁鬱病の２大類型に分類。継続的な作業において、時間的経過に応じて作業量が増減する「作業曲線」を研究し、内田勇三郎によって完成された「内田ークレペリン検査」の基礎となる。

彼の「抑圧された**エゴ**」を長年分析するよりも、実験心理学は簡単にてっとり早く、役に立つヒントを与えてくれるのだ。

それにしても実験心理学というこのアプローチは、あまりにもストイックで夢がないからか、フロイトらの学説ほどにポピュラーになったことが一度もない。しかし、多くの生理学者や心理学者に対しては、長い年月を通して静かに根深く影響を及ぼし続けている。

たとえば、**クレペリン**（独）、**ハル**（米）、**スピアマン**（英）をはじめ、わが国でも、**松本亦太郎**、**桑田芳蔵**、**野上俊夫**といった学者は、実質的にはヴントの徒として、心理学をあくまでも「科学」として扱い、**動物実験**や**人体実験**などを通して、科学と同じ手法を使った実験にこだわってきた。

特に、科学的**エビデンス**（根拠）が重んじられるようになったここ半世紀は、

・目に見えるものしか実在しない

・測定できないものについて、科学者は論じるべきでない

という考え方が心理学の世界でも主流となり、特に**行動主義**、**認知主義**と呼ばれる分野の心理学者の間では、いまや完全にそのルールが定着してきているといえる。

したがって、これから本格的に心理学を学ぼうとする方には、ぜひ科学的な心理学から勉強し始めることを、おすすめしたい。

「今日から使える」知識の生かし方

▼心理学を学ぶ意味

さて、ここまでは、フロイトやユングなどが提唱した「**深層心理学**」と科学的手法を重んじる「**実験心理学**」という、対極的な二つのアプローチについて、比較しながら述べてきた。本来は、壮大なスケールを持つ心理学史であるが、かなり短縮して述べたために、わかりにくく感じられたかもしれない。そして、「やっぱり心理学は難しい」、そう誤解された方もいるかもしれない。

しかし、あえてここで極論を述べてみたい。

「世界には、深層心理学と実験心理学のたった二種類の学派しかない‼」

究極的には、そう言い切ることもできるのだ。本来心理学は、とてもシンプルなものである。

だが、昨今では「○○心理学」「××心理検査法」などといった細分化があまりに多くなされ、しだいに心理学が煩雑でわかりにくいものになっている。さらに、雑学的な面白さゆえに「**心理術**」のマメ知識だけが一般書で喧伝され、心理学の真の姿が見えにくくなってしまっている感も否めない。

一口メモ

実験心理学　研究手法に基づく分類で、思考や偶然的観察ではなく、実験的方法によって得られた事実に基づく心理学。心理学に数学的・定量的な手法を初めて導入したヴントは、実験心理学の父と称される。現在では、心理学のほとんどの領域に実験が用いられている。

本書では第2章以降、具体的な心理学の知見について述べていくが、心理学テキストとしては思い切った構成を試みている。本書の内容を頭に入れるだけで、すぐにでも「人に話せる」、そして「今日から使える」ような、生きた知識として体得できるよう工夫を施した。その構成法については後述する。

いくら物知りになったとしても、その知識を頭の中にバラバラに放り込んでいたら、いざというときにその知識をどこにしまったか思い出すことができない。いろいろと勉強したはずなのに取り出して使うことができない、という羽目になる。新しい分野でのエキスパートになるためには、勉強するとき、頭の中を階層的に整理整頓しながら覚えることが大切だ。

頭の中への「**インプット**」量が豊富でも、他者にまったく「**アウトプット**」するすべを持っていないのならば、それは、ある意味死んだも同然の「使えない知識」となってしまう。それではあまりにもったいない。

ちなみに私は、心理学をなかば無理にでも「生かす」ことが、毎日の仕事となっている。病院の臨床や大学で講義をするときはもちろんだが、実は一番頭を鍛えられるのは、一般向けの雑誌インタビューである。これは心理学を生かすのには、厳しくも大変いい訓練になっている。

私がこの数か月間に、出版社からコメントを求められたテーマを列挙してみると、こんな感じである。

一口メモ

ハインツ・コフート（Heinz Kohut　1913～1981）　オーストリア出身の精神分析学者。伝統的な精神分析では否定されてきた「自己愛」「依存」について、彼は人間本来の自己愛や依存心はもっと認め合うべきだと主張した。

- 女の男気はなぜカッコいい？
- 「恋愛低体温」……その治し方は？
- 人が本当に喜ぶ褒め方は？
- キャラクターを変えたい！　その方法は？
- 相手の心に響く！　上手な告白のしかたは？

すべてが極めて日常的な話題である。

「**コフート**の自己愛理論について教えてください」などと聞いてくる人はどこにもいない。

私はこれらのポップな質問に対して、いつでも「心理学的根拠」や実験例を一〇も二〇も挙げながら、真剣にインタビュアーと記事をつくるのである。

私の例は極端としても、もし何か一種類の心理学に精通しているだけだったら、そういう芸当はできないだろう。できるだけ多くの知識を階層的に整理してこそ、初めて、心理学を日常シーンに「生かせる」のだろうと実感している。

心理学とは？
04

心理学を正しく理解する整理法はこれだ！

▼上手に知識を身につけるには？

◉心理学をどうやって学ぶのか？

それでは、どのような段取りで心理学を学ぶのが一番効率的なのか？

結論からいうと、「**研究手法**によってグループ分けして、頭に入れる」という方策につきる。たとえば冒頭で、「深層心理アプローチ」と「実験心理アプローチ」を比較しながら述べたが、これこそまさに、研究手法による分類の一例だ。研究手法の違いを明確にすることは、学派そのもの、個々の学者の持つ哲学そのものをクリアにすることと等しい。

ところで、私は大学院の心理学科（当時の競争率二六倍）を、一度のチャレンジで合格した。しかも、合格するのはかなり不利とされる他大学からの「割り込み」である。普通に勉強していては絶対に負ける。だから、大学院受験を決心して半年間、私は心理学の「勉強法」「整理法」に一方ならぬこだわりを持って勉強をした。

この本ではその頃に発見した、要領のいい勉強法を提案したいと考えている。これから心理学を身に付けようとする人にとっては、役立つことが多いのではないかと

一口メモ

発達心理学　時間の経過に伴う精神の発達的変化の姿を追求して、発達を規定する諸要因を解明し、その一般的法則の体系化を目指す心理学。幼児心理学、児童心理学、青年心理学、老年心理学等は、発達心理学の下位領域と見なされる。

思っている。

◉心理学を研究手法によって分類する

心理学は、その研究「内容」よりも研究「手法」によって分類し、頭に入れておくと生きた知識となる。そうすれば、人に説明したり、試験で論文を書くときに系統的にアウトプットしやすい状態になる。

このことを、クローゼットに衣類を整理することにたとえて説明しよう。

もし、一つの引き出しに青いシャツ、青いズボン、青い靴下を入れ、隣の引き出しには赤いシャツ、赤いズボン、赤い靴下……、というように色分けやグラデーションにこだわって整理していたら、（見た目はきれいだが）、はたしてそれは本当に便利だろうか。

いざ、一揃いの洋服をコーディネートしなければならないとき、青いシャツは決まったとして、さあ何色のズボンをはこうか、ネクタイは？　すべての引き出しを開けたり閉めたりしながら吟味しなければならない。やたらと時間がかかるはずだ。つまり、たくさん服があるのに、いざというときに、コーディネート＝アウトプットにまごつく整理法である。

それよりも、色や素材はバラバラでも、一つの引き出しにはとにかくシャツだけが入っていて、隣の引き出しにはまとめてズボンだけがあり、その隣はいろんな色

一口メモ

臨床心理学 精神疾患や心理的問題の実態と遠因を明らかにし、さまざまな心理学的手法を総合して、これらの解決を図ろうとするもの。必要に応じて、心理学的検査を行ない、心理療法を試みる。予防のための対策を立てることもある。

の靴下が突っ込んであるという整理法のほうが、いざコーディネートするときに「これと、これと、これ」と順々に取り出しやすい。つまりアウトプットが早くできる整理法だ。

私は、前者のような整理法は、心理学でいうならば、「発達心理学」「教育心理学」「臨床心理学」「社会心理学」というような、昔からあるくくり方だと考えている。形式的な「色分け」にこだわっているが、そういうテキストは、実は読み手にとって親切でない。

その勉強法では心理学の「全体像」が見えず、どれとどれを組み合わせて日常に生かしたらいいのかわからず、結局使えないからだ。青年心理の専門家を目指すのなら話は別だが、「心理学」の全貌を知りたい人には不便なはずである。これは大学院入試のときに、私自身がいろいろなテキストを探し歩きながら、強く不満に感じていたことだ。

本書は、目次を見ていただければおわかりになるように、〇〇心理学という、色によるくくりは一切やっていない。学派、調査対象、時代などをあえて「一緒くた」にして、シャツはシャツ、ズボンはズボン方式で、使用方法の目的が同類であるものを、各章の引き出しの中に整理してある。心理学というものの全体像を見ていただき、研究手法別に整理することで、人に話せる心理学、使える心理学を体得して欲しいと思っている。

心理学とは？
05

研究手法によって心理学を勉強する

▼「切り離し型」よりも「重なり発見型」

「○○心理学」といったくくり方で勉強することの短所は、「知識のアウトプット時に不便である」ということだけではない。実はインプット時にも、この勉強法では心理学の本質的な面を見逃してしまい、誤った理解をしてしまうことにつながりかねないのだ。

なぜなら今も昔も、そもそも当の心理学者本人が、「自分は児童心理学者だ」とか「私は対人心理が専門」などと思って研究しているわけではないからである。しかし、個々の研究成果は、研究者ではない第三者によって、後づけ的に「○○心理学」という引出しの中に整理されてしまう。それは、たとえば論文集や書籍、講義要録などをつくるにあたって、そうしておくほうが簡便であるという事情にすぎない。あくまでも「便宜的に」このような分類がなされていることが多いのだ。

それを知らずに、「○○心理学」による分類で個々の分野を勉強する事は、図にすると左ページのような感じになる。児童心理学、認知心理学、青年心理学……と重ならない領域をバラバラに勉強することは、たくさんのことを頭にインプットし

一口メモ

認知心理学　さまざまな事物や人物を、どのように知覚・認識しているのかということを探求していく心理学。感覚や知覚など比較的「低次」な機能を扱う知覚心理学に対し、知覚、発達、注意、記憶、言語、対人認知など比較的「高次」な機能を扱う

「切り離し型」心理学

たつもりでも、結局「心理学全体として何がいえるのか」「人間とはどういう生き物なのか」という本質は見えにくいだろう。

しかし、心理学を実際にやっている研究者は誰しも、そのような枠には初めから無頓着である。もっとダイナミックに、そして包括的に、人間の「心」というものにアプローチしたいと願っている。

たとえば、何十年もかけて「乳児」を対象に実験を行なう研究者がいるとする。彼は往々にして、なにも乳児そのものに興味があるわけではない。本質的には、「人はしだいにどんなことができるようになり、反対に何を失っていくのか」といった人間の変化過程に関心があるはずである。

そういう場合の調査対象として最適なのは、たしかに老人や成人よりは、まだ多くのことを経験していない乳児や子どもである場合が多いだろう。だから、たまたま乳児にこだわっているだけのことであり、「子どもの専門家」と自分では思っていないはずである。そういう意味で、彼らの研究をすべて「児童心理学」という枠に投げ込むのはあくまで形骸的なことであり、当の研究者にとっては、少なからず不本意なことでもある。対象そのものに興味があるのではなく、先に大きなテーマや関心事ありきで、適した対象を定めるのは最終段階での作業に過ぎない。

これは、どの研究にもおしなべていえることだ。私個人に関していえば、「人の信念は、人の行動をどのように変えるのか」ということに関心を持ってきた。それ

「重なり発見型」心理型

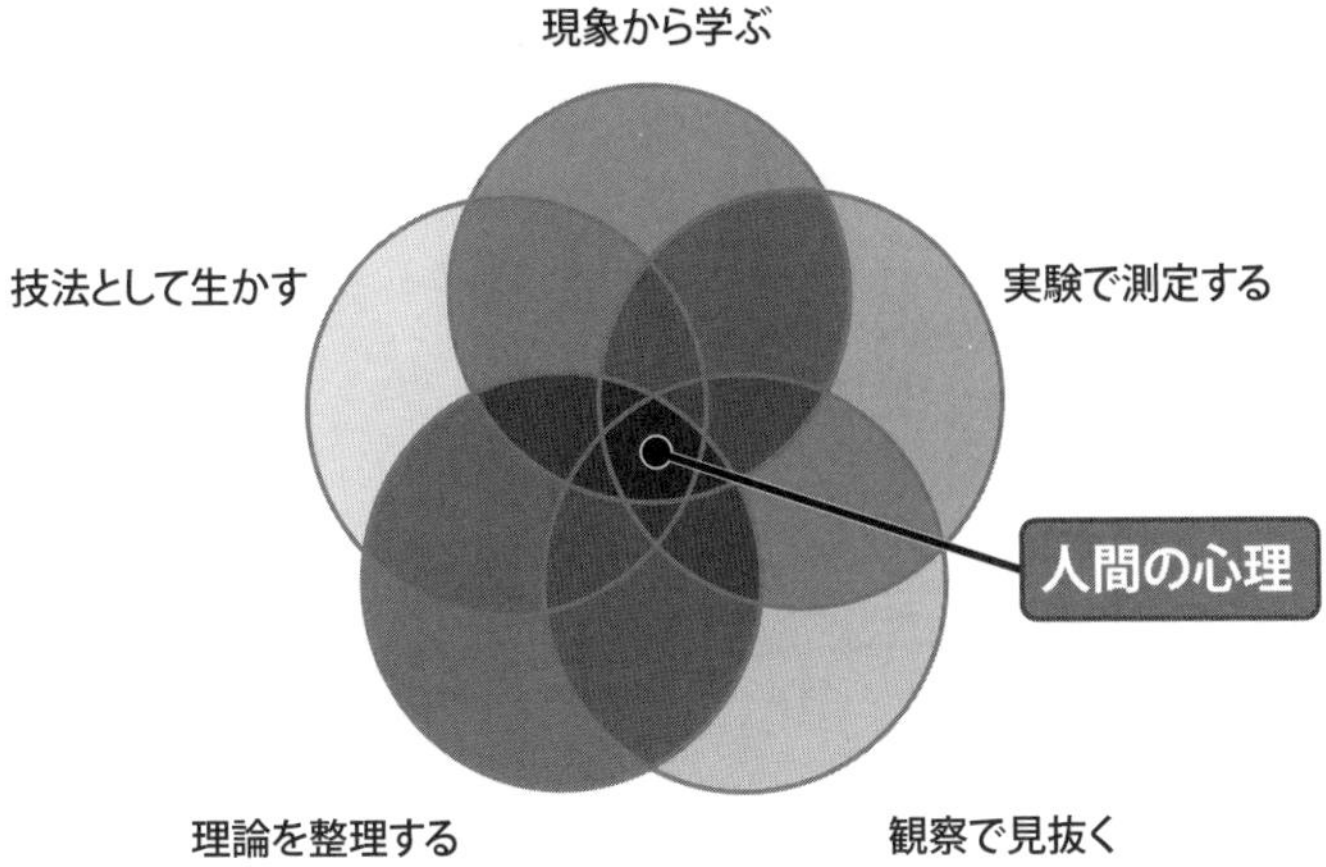

を調べるためには、質問用紙に的確に答えられる「高校生以上の男女」であることが必要であり、かつ結果が見えやすい「学習場面」をリサーチしていくことが、一番の近道なのである（実のところ、教育にも高校生にもさして興味はない）。しかし私には、「教育心理学者」という一応のラベリングがされている。ときおり、不思議な気持ちがする。本書を読まれるときは、そういう経緯や研究者の真のねらいを意識しながら、心理学に触れてみて欲しい。

本書は、〇〇心理学という「切り離し型」の構成を避け、読者が読み進めていくうちに人間の心の面白さ、不思議さがだんだん抽出されてくるような、「重なり発見型」の構成を意識した。様々なアプローチの重なりの中から、人間心理の共通像が浮かび上がってくることを意図している。なぜならそういうアプローチこそが、多くの先人たちが築いてきた、心理学の本来的な姿だからである。

Column

ドイツ人と米国人 どちらがより残虐か？

かつての実験心理学では、実験対象として人間を使ったものが盛んに行なわれた。

たとえば、「人間は何もないところに閉じ込めると、どのように発狂するのか」を調べるために、水分、食物、空気だけが確保されたカプセルのような入れ物に何日間も被験者を閉じ込めたり（感覚遮断実験）、「人間はどこまで残虐になれるのか」ということを調べるために、「あなたは実験上で監守役なのだから、囚人役を痛めつけてもかまわない」と実験者が何度も促し、監守役の被験者が何ボルトまで囚人役の人に電気ショックを与えられるか（監獄実験）、といったことがダイレクトに調べられていた。

これらはすべてアメリカで行なわれたものであり、被験者はもちろんアメリカ人である。実験を重ねてみるほどに、人は切迫した状況で命令を下されればすぐに狂気に陥り、かなり残虐なことでも平気でできてしまう面を持っていることが明らかになっていった。

当時アメリカで「ナチス批判」が興隆するなか、「ドイツ人は冷酷で残虐な危険人種」と誰もが思っていた。しかしそれは、皮肉にもアメリカ人によって否定されることとなる。残虐な仕打ちをしたのはドイツ人だからではなく、「切迫した集団心理」に駆られれば、どの民族であってもアウシュビッツさながらの惨事を起こしかねないことが示唆されたのだ。

第❷章

「現象」から見える心理学

日常的な現象から人間のもつ本質を推測する心理学

「三人寄れば文殊の知恵」「美人は三日で飽きる」など、日本にはたくさんのことわざがある。これらはみな、日本人が古くから経験的に感じてきたことを集約したフレーズだ。

現代になっても、「こういう恋愛は失敗する」「こういう印象の人は好かれる」といった都市伝説的な経験則が、いろいろな本に書かれていたり、会話に取り上げられたりしている。

「○○は××だ」というように、イコールで結ばれるもの、そして「もし、○○ならば××になる」という「if～then」で結ばれるものを、心理学では「現象」と呼んでいる。セオリーといってもよい。

そうしたセオリーが、集団の中でどのようなメカニ

3日

美人は三日で飽きる

ズムで生まれ、定着してきたのか。そして、それらのセオリーは、科学的に実証されうるのか。

本章では、「経験則ありき」の現象に焦点を当て、心理学の観点からその現象についてどう考えることができるかを探っていく。

前述したように、これらのトピックを○○心理学でくくらずに、幅広い観点から集約し、一つひとつの現象について、その真偽を検証していく。そうすることで、「○○ってよくいわれるけど、あれは本当なんですか？」といった質問にすぐに答えられるようになるし、自分でも、さまざまな現象に広く好奇心を持てるようになるだろう。いわば、「生きた知識」として定着しやすくなるのである。

それに、昔から語り継がれている「現象」からその心理をのぞいてみると、人間という生き物のもつ意外な本質や傾向を、いつでも日常的な視点から推測することができるようになるだろう。

現象 01

自分を好きになる方法は？

▼「自己肯定感」が人生を豊かにする

◉親切は誰のため？

電車の座席に座っているとき、杖をついた老婆が乗ってきた。しかも老婆には座る席がなく、目の前でヨロッと立っている。そういうとき、いつもあなたはどうしているだろうか？

①「どうぞ」と席を譲る
②平気でやり過ごす
③いきなり寝たふり

いろんな方がいると思うが、私の場合は、絶対に①である。どんなに自分が重い荷物を持っていても、どんなにヘトヘトに疲れていても。しかし、ここだけの話、それは私が善良な人間だからでもなければ、老婆が気の毒だから、という理由だけでもない。

それは、そういう「いかにもいいこと」をした後の自分が、ものすごく気持ちいいからである。私ってカッコいいな、という**自惚《うぬぼ》れ**と**爽快感**。心が軽くなり、かえ

一口メモ

自己肯定感 自己の存在やあり様を認め、尊重する感情のこと。他人を思いやり、励まし、貢献しようとすることが自己肯定感を高めることにつながるとされている。

って疲れがとれることも多いのだ。

老婆のほうは私に「まあ、ありがとうね」と感謝してくれるが、「いえ、こちらこそ、こんなにいい気分にしてもらって、むしろありがとう！」なのだ。人に親切にすると自分を好きになる。そんな経験は誰にもあるだろう。

そういう「親切の気持ちよさ」が癖になり、席を譲るなんてもう当たり前。階段の昇り降りをするお年寄りの手は必ず引き、荷物も持つ。こうなったらもう趣味である。誰に頼まれなくても、完全に余計なお世話だろうが、こっちから勝手にサービスを買って出るのだ。

なぜなら、そんな毎日を続けていると、「私はやさしい人。私は余裕のある人」と、いつでも**ポジティブ**な**自己像**を持ち、手軽に自分自身に酔えるからだ。自分のことを好きになり、私という人間のステージが上昇していく気さえする。そしてなんだか、もっともっと頑張ろう！　という前向きなエネルギーがわいてくるから不思議である。

◉世話好きな人は元気！

この現象は、きっと**カウンセリング**の仕事にも、共通しているところがあるだろう。もちろんクライアントのために全力を尽くすべきだという使命感はあるし、クライアントの心情を最優先するのは当然のことであるが、実は私自身のためにもなっている。

一般的に、「人を励ますプロ」の方たち、たとえば先生、スポーツコーチ、あるいは占い師やボランティア愛好家、そして**心理カウンセラー**等は、基本的には**自己肯定感**を得る機会が多いはずだ。その他にも、おそらく、部下に慕われている社員や、友人間でアニキ役、アネゴ役を買って出るような人にも、きっとそういう心理があるだろう。

「**情けは人の為ならず**」とは、「親切は他人のためでなく、巡りめぐって自分のためになる」という意味のことわざであるが、なぜそうなるのかというと、親切な行為をすることで自分の中の「自己肯定感」が高まり、自分のことを愛せる人間になれるからではないかと感じる。自己肯定感は、主観的幸福度を著しく高める。心理学ではその感情を「**多幸感**」という。

他人のために自分が犠牲になって貢献しようとしている行為そのものが、「私は意味あって生きている」「私は価値があって生かされている」という、人としての基本的な自己肯定感を生み出す。実際、「**世話好き**な人」は、みなポジティブで躍動感があり、幸せそうに見える人が多い。

反対に、一人ぼっちで閉じこもって生きている人は、「自分が好きだなあ、自分っていいところあるよなあ」などと思うことはなかなかできないだろう。人と人との間で比べられたり揉まれたりしないと、自分のことは自分でわからないからであ

一口メモ

社会的比較理論　人は複雑な社会環境を適応的に生きていくために、自分の意見や能力を正しく評価したいという動機があり、そのために自分と他者との比較を行なう。比較する他者は、自分と意見や能力が類似した者の場合、劣る者の場合、すぐれた者の場合がある。

る。

このことは、心理学では「**社会的比較理論**」と呼ばれている。人はみんな子供の頃から、学校集団などでの他者とのかかわりの中で、自分への**肯定感情**（＝**自己愛**や**自尊感情**）を高めていく術を学ぶのだ。これは大人になっても同じだろう。他人に情けをかけることは、結果的には自分に対する自己評価を上げることになる。つまり、自分の心が元気になるのだ。

◉人をいじめると、実は自分が傷つく

電車に乗ってきた老婆を見て、寝たふりをする人たちは、本当は、心の中ではチクチク針が刺さっているはずである。そして少しずつ、そんな自分自身を嫌いになっていってしまう。しかも、そういう閉じた**回避行動**を重ねていると、だんだんと、人生そのものを大事に思えなくなったり、生きていることがむなしくなったりと、心労がたまりやすい体質になってしまうのだ。

実際に、そうなってしまった二〇歳の男性を知っている。彼は、電車に乗ってくる老人を見るとムカつく、とよく語っていた。彼の行動にはいつも驚かされたものだ。

「いかにもさあ、席譲って〜、私年寄りなんだから〜、みたいな空気出すんだよね。年寄りはおとなしく家にいろっつーの。迷惑だよな」

などと、こともあろうに電車の中で聞こえよがしに口にし、わざわざ荷物をドカッと置いて空席をふさいだりするのだ。彼は一事が万事、他人に対して徹底的に意地が悪く、厳しい人であった。

よく話せばとても人なつっこく、頭の回転も速く、私の荷物をさり気なく持ってくれるような親切心もあるのに、自分と関係のない他人のことだけは完全に「敵視」するという態度を示す。人を敵視しながら、いつも心は空虚で寂しそう。時折、自分が嫌いだと叫んでは**リストカット**を繰り返し、「俺は最低だから、死んだほうがいいよね」と泣きじゃくる。そんなことが幾度もあった。

他人を敵視することは、こんなにも、巡りめぐって「**自分自身を敵視する**」ことにつながるのだと痛感する。他人を嫌うこと、他人をいじめることは、いつの間にか自分を深く傷つけることになるのだ。だから、人にやさしく関わるチャンスを無視したり、ないがしろにしたりすると、結局は自分が損をする。いじめっこは、少しずつ自分を嫌いになり、人生が嫌いになる。本人にとって損なのだ。

最近は、彼のような若者が増えているように見える。本来は誰にも備わっているはずの「人を助ける」という本能。これを出し惜しんだり、他人を侮蔑したりすることが、結局は「自分を愛せない人」にしてしまっている。「情けは人の為ならず」は、本当なのに。この状況は深刻だ。

現象 02

集団が大きくなると人の行動はどう変化するのか？

▼「社会的手抜き」という現実

◉二人より三人

「三人寄れば文殊の知恵」は、日本では、馴染み深いことわざの一つである。確かに一人で考え込むよりも、さまざまな角度からの意見を重ね合わせれば、文殊のようなアイデアがわく気がする。それに、一緒に問題に取り組む仲間がいるだけで何となく心強い。実際に、**ブレインストーミング**では「三人」グループがもっともたくさんの案を捻出できたという報告がある。

さらに、認知心理学者である**清河幸子**は「**肩車モデル**」というものを提唱している。二人で同じ次元のやりとりを続けるよりも、だれかもう一人新たな人間が、一段高いところに肩車のように乗って、

①「いま、どういった話をしていたんでしたっけ？　本題に戻りましょうか」

②「○○は明確になりましたが、××がまだ不明瞭ですね。焦点を絞りましょうか」

③「要約すると、△△ということになりますね。次の方向性としては●●ですね」

といった高次の発言をする人が一人現われれば、単なる二人の雑談に終わらず、

一口メモ

ビブ・ラタネ（Bibb Latane　1937～）　米国の社会心理学者。彼は、女性が暴漢に襲われているところを38人が目撃しているにも関わらず、誰も助けず、警察にも通報しなかった事件に興味をもち、集団のサイズが大きくなると人は手を抜くことをさまざまな実験で確認した。

結論が収束しやすくなるという。

三人というのは、あながちいい加減な数字ではなさそうである。

◉集団になると人はどんな行動をとる？

では、もっと人数が多い場合はどうなのだろうか。

「**船頭多くして船山に登る**」という対極的なことわざも存在する。肩車に乗ってみんなを仕切れるような、よほどすぐれた船頭役がいれば話は違うのだが、残念ながらそういう人はあまりいないのが現実だ。

したがって、心理学では基本的に「集団でいることは、『**手抜き**』が起きる元凶」と考えられている。

これを示す有名な実験として、**ラタネ**の行なった「**拍手実験**」と呼ばれるものがある。「力いっぱい拍手を！」と六人の集団に呼びかけたとき、一人のときの半分か三分の一しか力が出ないことが繰り返し測定されている。しかも、本人は手を抜いたつもりなどなく、全力を出したと思い込んでいるところが面白い。

また、**リンゲルマン**の「**綱引き実験**」でも同様の結果が見られている。二人で引きあう場合は、本人の筋力の九三％の力が出るが、三人では八五％、八人では四九％と力が抜かれていくのだ。

人はただ集団になるだけで、意識せずとも「まあいいか」という適当な判断や行

リンゲルマンの「綱引き実験」

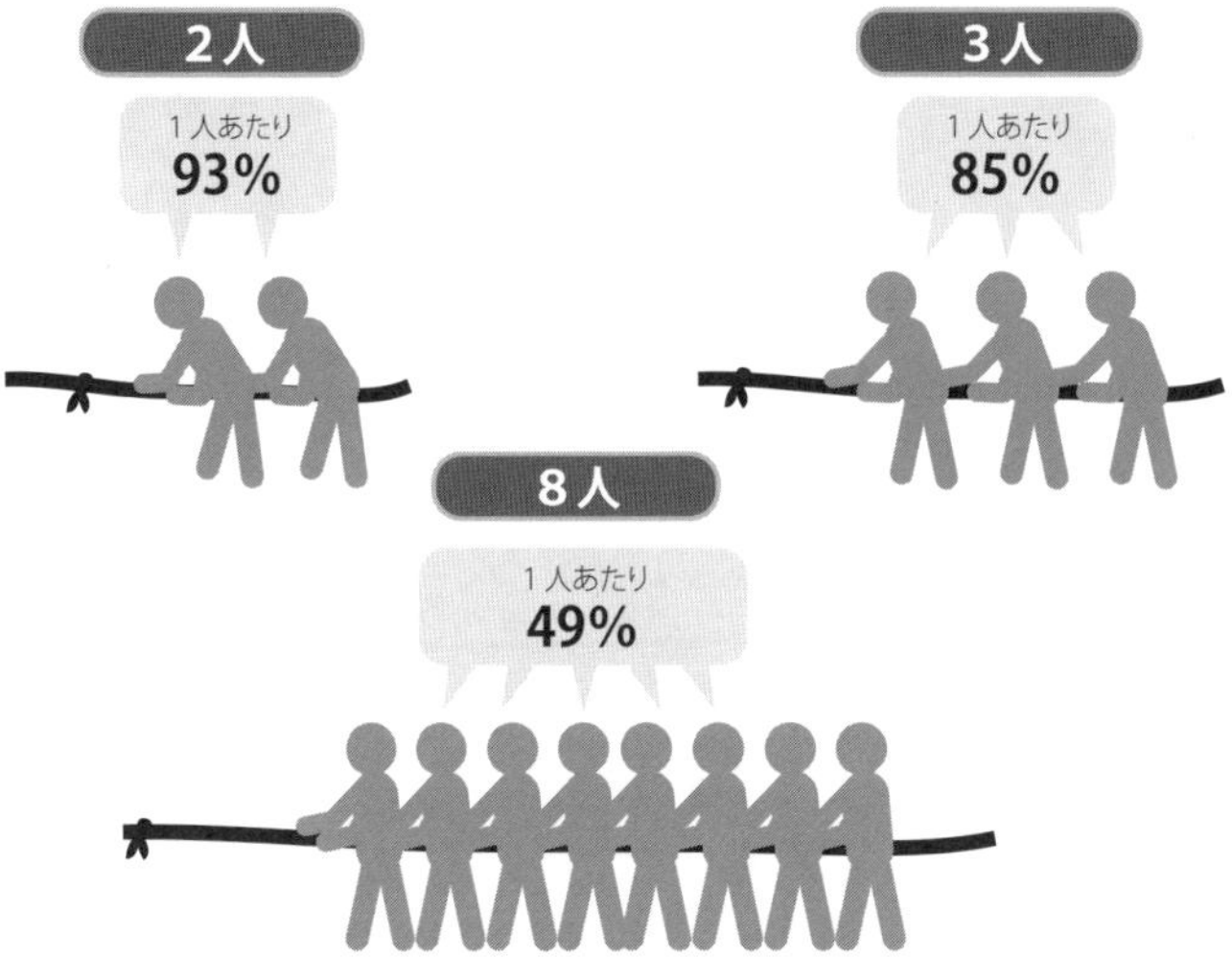

集団のサイズが大きくなると、人は手抜きをする。

動に出てしまう。このことを、心理学では「**社会的手抜き**」「**社会的怠惰**」「**フリーライダー現象**」などと呼び、さまざまな手抜き現象が報告されている。

この社会的手抜きは、世代、文化、男女を問わず広く見られるという。理由はよくわからないが、男性よりも女性に、集団主義的社会（中国、日本、台湾など）よりも個人主義的社会（カナダ、米国など）に多く見られるのも特徴的な傾向である。

◉社会的手抜きが起こらない方法

この現象をうまく打破するテクニックが、「**ターゲッティング**」と呼ばれるものである。

これは、たとえば生命保険のコマーシャルなどで見かける。保険は基本的に誰にでも関係のあることだが、だからといって、「みなさん、ぜひこの機会に加入をお勧めします」

と漠然と呼びかけても、あまり反応がないだろう。「みなさん」という単語は、先ほどの拍手実験と同じで、社会的手抜きを助長する代表語ともいえる。そう呼ばれても、まるで他人事のようにしか感じられず、一人ひとりの心は動かないものだ。

しかし、最近は対象者を絞る「ターゲッティング」を利用することによって、加入者数をアップさせている会社が多い。

「三〇代の女性のための保険」「六〇歳から入れる保険」など、あえて客層を絞ることで、多くの人に、「これは自分のための保険だ」と思わせることに成功しているのだろう。

私の経験だと、授業で学生に「みなさん、どんどん自由に意見を出して」と全体に呼びかけると、逆に静まりかえってしまう。それよりも、「ぜひこの問題に関しては、女性の意見が聞きたいです。どうですか？」と、ターゲットを半分にするだけで、急に女性が積極的に喋り始めてくれるのだ。

また、最近よく売れている書籍の「題名」にも、ターゲッティングがうまく生かされている。

たとえば、「三〇歳からの〇〇術」「大学生のうちにやっておきたい〇〇」など、あえて読者を狭い範囲にターゲッティングすることで、当てはまる範囲の人はみんなその本を読まなければならないような、購買意欲をうまく促している。本当はさほど興味のないものであっても、対象を絞られることで、人は知らず知らずのうち

一口メモ

マクシミリアン・リンゲルマン（Maximilien Ringelmann　1861～1931）　ドイツの農業工学研究者にして社会心理学の創始者とされている。20世紀初頭に社会的手抜きの実験を行ない、一般に「リンゲルマン効果」とも呼ばれている。

に財布の紐をゆるめてしまうものだ。

◉希少性は最大のスパイス

社会的手抜きを防止するために、「対象人数」を少なくすることも一つの手法だが、「対象物」の数を減らすのも、「どうでもいい」という心理を抑えるためにはよい方法である。たとえば、「一〇杯限定ラーメン」や「二〇個限定福袋」には、その中身がどうあろうと、人の列ができる。心理学では、「**希少性の価値の効果**」と呼ばれる現象だ。

これは私の経験だが、われながらあまりおいしくないコロッケがたくさんできてしまったときは、お客さんが五人いてもあえて三つしか出さない。少ししかないものを分けながら食べると、それだけで心理的に価値が上がることになる。つくったものを山盛りにして全部を出すよりは、少しは味がごまかせるはずだ。空腹もスパイスだが、希少性もすばらしいスパイスになる。

現象 03

美男美女であることは本当に得か？

▼「ゲインーロス効果」という罠

◉美しい人は、きっと心も美しい

昔から、美男美女が何かと厚遇されるのは、当然のことのようである。「見た目のよさ」と印象形成に関する研究は、これまで膨大に積み重ねられている。

それらを概観してみると、次のような一貫した**美人ステレオタイプ**（偏見）が存在することがわかる。

「顔の美しい人は、**天真爛漫**で、**狡猾**さやアザトサがない」

これを実証するものとして、たとえばフランスでは、こんな大胆な実験が行なわれている。

二八〇人の女性のプロフィール（顔写真、自己PR、経歴、趣味、結婚歴、家族、出身地、年齢など）を、四〇〇〇人の男性面接官に「履歴書」として提示。面接官たちに、各女性の「**パーソナリティ**」について想像させ、評定してもらうというものだ。

結果、ほとんどすべての男性が、判断材料として重視したのはやはり顔写真。し

仮想裁判実験

設定		他者からどう思われるか	
		美人の場合	不美人の場合
実験1	雪合戦で、友達に大ケガを負わせた7歳の女児について	偶然の事故だろう	悪質なイタズラだろう
実験2	交通事故の加害者に対する裁判	陪審員からの同情。賠償金 5500 ドル	陪審員からの非難。賠償金1万ドル
実験3	女性の強盗犯に対する裁判	懲役 2.8 年(平均)の判決	懲役 5.2 年(平均)の判決

かも、美人である場合には、「彼女はお人よしだろう」「ウソをつけないタイプだ」といった評価を下す率が、不美人の場合より七倍も多く見られた。

一方、不美人に対しては、「頭はよさそうだが、意地悪で計算高いタイプだ」という評価が大多数を占めていた。美人は天真爛漫で、不美人は狡猾。こんな根拠なき**ステレオタイプ**の評価が、この実験でははっきりと浮き彫りになっている。

ちなみに、顔写真のほうを男性にして、評価者を女性にチェンジした研究でも、同様の結果が出ている。

また、こんな大規模な実験も行なわれている。アメリカでよく採用される「**仮想裁判実験**」と呼ばれるものだ。罪を犯したとされる被告(女性)の顔写真を、五三〇人もの陪審員役の男性に見せ、犯人の刑期を決めてもらうという仮想実験である(上表)。

一目瞭然で、好意的な判決を下されるのは、やはり美人のほうだとわかる。これもやはり、美人のほうが「さして悪意はなかったはずだ、本当は天真爛漫だもの」と、思い込まれやすいからである。

この現象は、犯人が男性で、陪審員が女性の場合も同様なことが起こることが確認されている。ハンサムな犯人は、「偶然の過失かもしれない」と、甘く判断されやすいのだ。

おそらく、「外見が美しい人は、内面も美しくあってほしい」という、私たちの幻想や願いが、客観的評価の目をくもらせるのだろう。

◉不美人は、三日後に逆転する

前記の現象は、典型的な「**ハロー効果**」で説明できる。心理学では、印象形成の際に起きてしまう偏見や勘違いのことを、こう呼んでいる。ハロー（halo）には「**後光**」という意味があるが、ご存じのように、後光とは仏像やキリスト像の背後にある、あのボワッとした光のようなものである。ただの木彫りの像であっても、この後光があると、それだけで神々しく、ありがたいものであるように見えてしまう。人間もそれと同じで、「美人である」というたった一つの特徴がまるで後光のように光り輝き、あたかもその人の「すべてが」すぐれているように見えてしまう。

しかし、「**美人は三日で飽きる**」ということわざだって存在する。しかもこれは、心理学的にも事実といえるのだ。なぜなら、ハロー効果の「有効期限」は意外に短命であるから。三日は大げさでも、数週間もあれば十分に期限切れである。相手の内面を知れば、美人でも不美人でも性格や能力に対する評価が平均化され、ハロー効果の威力は減少してしまうことが実証済みなのである。

しかも、そればかりではない。美人はやや気の毒な面も持っている。なぜなら、

「ハロー効果」と「ゲインーロス効果」

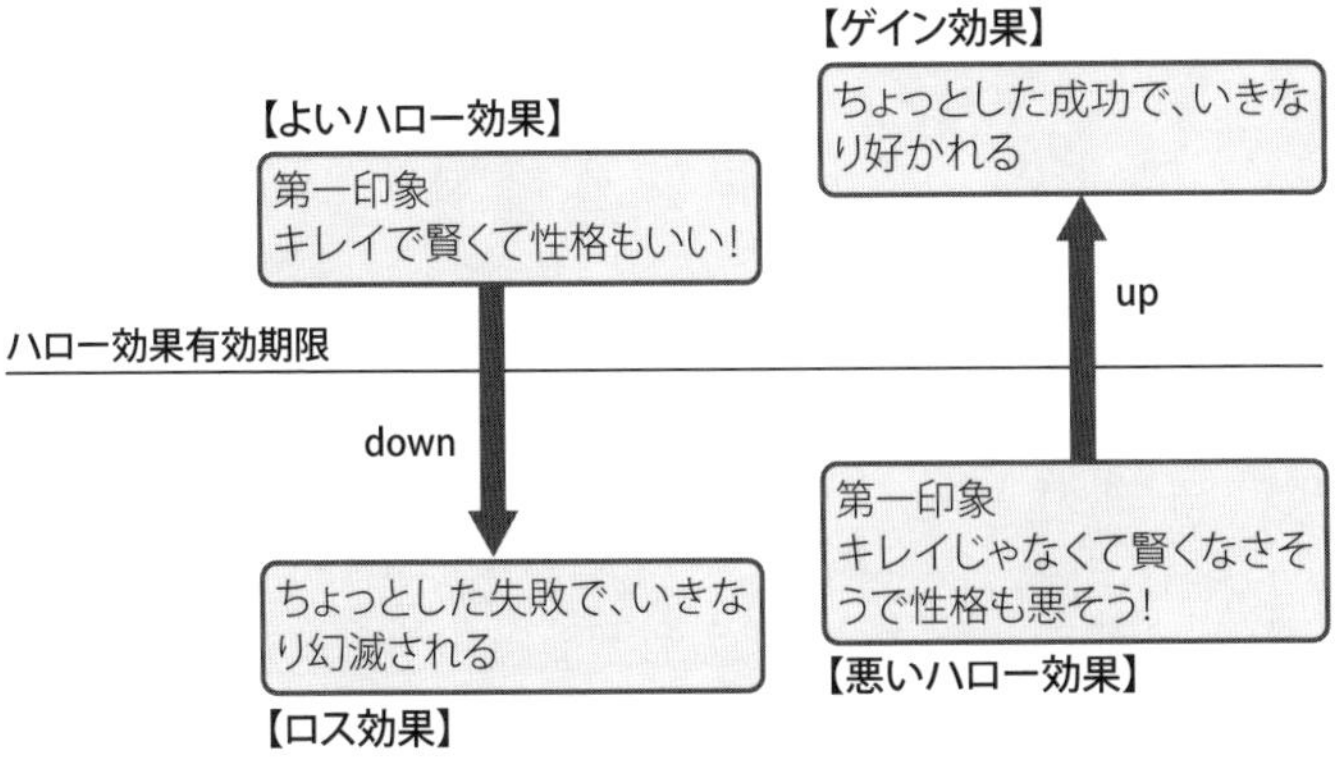
【ゲイン効果】
ちょっとした成功で、いきなり好かれる
up
【よいハロー効果】
第一印象
キレイで賢くて性格もいい!
ハロー効果有効期限
down
ちょっとした失敗で、いきなり幻滅される
【ロス効果】
第一印象
キレイじゃなくて賢くなさそうで性格も悪そう!
【悪いハロー効果】

最初に「美しくて知的で性格もよい」と、ハロー効果でやたらと高い評価を受けてしまった場合、彼女（彼）には、今後いかなる失敗も許されなくなるのだ。これを「**ロス効果**」というが、最初の期待が大きいと、必要以上に幻滅されてしまうのである。

その反対のケース、つまり「不美人だし性格も…」と最初に思われてしまった人は、その後のちょっとした気の使い方や振る舞いにより、評価が急上昇する可能性がある。これはまさにロス効果の反対で、「**ゲイン効果**」と呼ばれる。この現象は意外にあなどれない。

最初はわざとイヤな人と思わせ、次に会ったときには打って変わって親切にする。これは、相手を虜にする結婚詐欺師の常套手段だとか。

なにはともあれ、「美人が得」なのは最初のうちだけのようだ。時間とともに眩い後光も薄くなり、「なんだ、女神じゃなくてただの木彫りか」と勝手にロス効果で幻滅されるのは辛い話だ。はじめから後光なんて射していなくても、「これ、どう見てもただの木彫りなんだけど、僕は好きだなあ」と思われるほうが、ずっと素敵なことだろう。

現象 04

「見るな」といわれると どうしても見たくなるのはなぜ？

▼「心理的リアクタンス」は人間の証

◉禁止されると欲しくなるのは本能？

昔話などでよく出てくるフレーズ、「決して覗いてはいけません」「決して開けてはなりません」。そんなことをいわれた主人公は一〇〇%、最終的に見てしまう。読んでいる側も「どうするのかな。早く覗いてしまえ」と、そのシーンに興味を惹かれてしまう。

このような、好奇心に基づく反発心のことを、心理学では「**心理的リアクタンス**」と呼んでいる。「やめろ」といわれればいわれるほど、やめられない現象。これは、何も**アマノジャク**な人だけの特殊な反応ではない。多かれ少なかれ、どんな人にも備わっている性質である。

児童心理学の分野では、まだ幼い子どもが「このオモチャでだけは遊んではいけません」という「禁じられたオモチャ」にどれくらい関心を示すか、という実験が繰り返し行なわれている。その結果、この心理的リアクタンスは、誰にでも生まれつき備わった性質であることが明らかにされているのだ。

一口メモ

ジャック・ブレーム（Jack Brehm）　米国の社会心理学者。人は自分の意見や態度について自由に決定したいという意志をもっており、これが脅かされた場合は自由を回復させようと動機づけられる。この動機をブレームは「心理的リアクタンス」と呼んだ。

この実験では、三歳から五歳の幼児たちの前に、たくさんのオモチャが用意される。そしてお母さんに、その中の一つを適当に選んでもらい、「このオモチャには触っちゃダメだからね」と、子どもに禁じてもらうのだ（しかし、実際に取り上げたりはせず、そこに置いておく）。そしてしばらくの間、子どもたちを自由に遊ばせておき、観察するというものだ。

どの子も、禁じられたオモチャをちらちら気にはするが、実際に手を伸ばす子はほとんどおらず、懸命に我慢するケースが多い。

そしてその後。「もう、どれでも好きなオモチャで遊んでいいよ」と禁止を解くと、子どもたちは、あの「禁じられたオモチャ」に一目散に走り寄る。さらに数日後、「あの中で一番欲しいオモチャを一つあげるよ」と選ばせてみると、全員が例外なく、「禁じられたオモチャ」を指差すという、わかりやすい心理的リアクタンスが観察されるのだ。

「ダメ」といわれるほど**興味**が湧く。しかも、それが**魅力的**に見えて仕方ない。わずか三歳の幼児にも、これはもう「**本能**」として備わっているのだろう。

◉最強の宣伝文句、それは「上映禁止」！

この「心理的リアクタンス」という心理学用語は、アメリカでは「**カリギュラ効果**」とも呼ばれているが、これは実際に起きたある出来事に由来している。『カリギュラ』というのは一九八〇年に公開された、ローマ皇帝・カリギュラが主人公の映画である。彼は、容赦なく家来を惨殺する狂気の暴君として、その悪名を轟かせた歴史上の人物だ。

そんなカリギュラの生涯を描いたこの映画は、あまりに残虐シーンや性的なシーンが多いという理由で、アメリカのボストン市で、突然上映禁止令が出された。

しかし、この「上映禁止」というキーワードが、ボストン市民にとっては、強烈なインパクトになったのである。そう、禁止されたことによって、例の「心理的リアクタンス」が大爆発したのだ。人々は並々ならぬ興味を掻き立てられ、多くのボストン市民が「『カリギュラ』を見たい」と、市外の映画館に殺到することになったという。

結果、あまりの人気と話題性にボストン市も映画を解禁せざるを得なくなり、『カリギュラ』は空前の大ヒットとなった。しかもこの映画、見終わってからの観客の評価が異常なほど高かった。高名な評論家までもが、こぞってベタ褒めしたというのである。

『カリギュラ』は公開当初、完全に娯楽映画、むしろ見せ物的なジャンルであった。実際、監督はポルノ系映画の巨匠である。しかし、ボストンでの上映禁止以降、次第に芸術映画として認められるようになり、「格調高いストーリー」「真の聖者カリギュラを描き切った」というような、たいへんな高評価に変容していったのであ

心理的リアクタンスと自己効力感

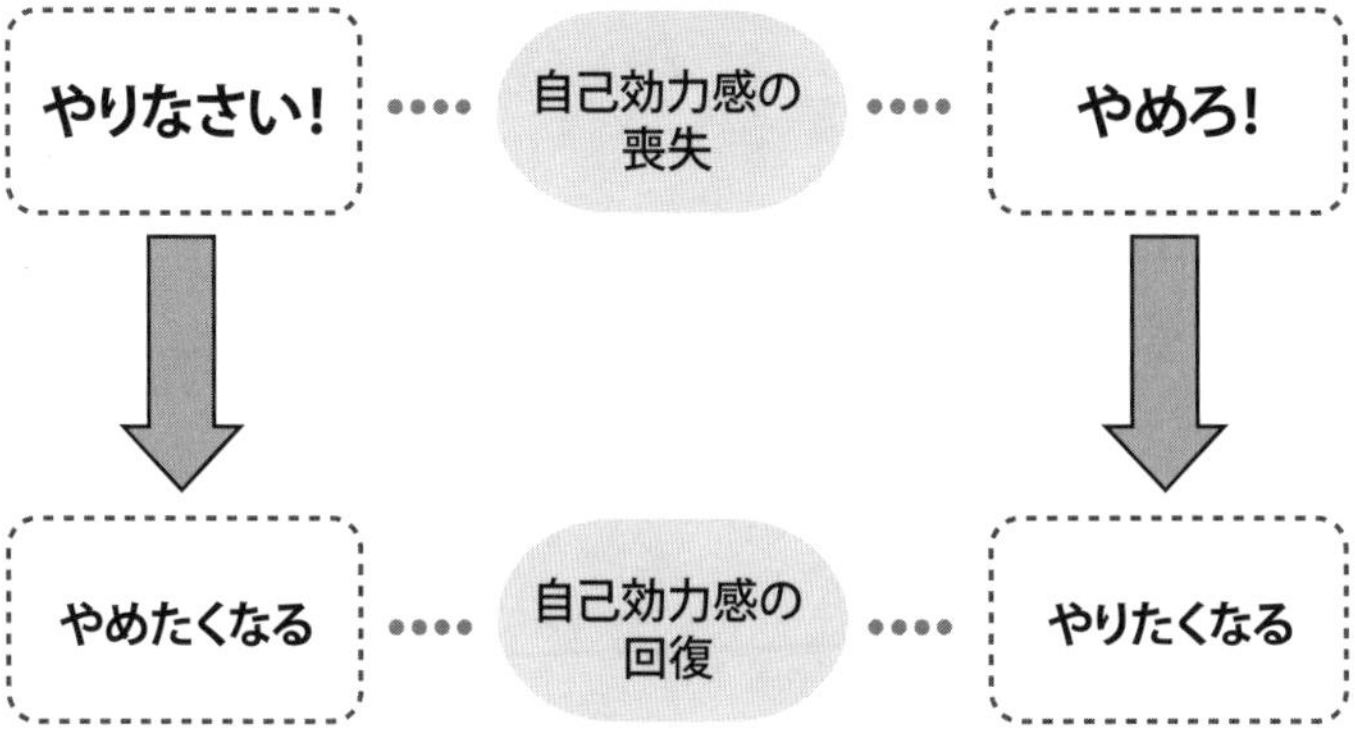

る。

「禁止」といわれることは、興味や関心を掻き立てられるだけでなく、禁止されたそのものを魅力的に見せ、価値までを高めてしまうということがわかる。

◉人は何に反発したいのか

人間にはなぜ、このような性質が備わっているのだろうか。私自身は、それが「**自己効力感**（self-efficacy）」と呼ばれる本能の現われなのではないか、と考えている。

人間に限らず、高等な霊長類はすべて、「自分のことは自分で律したい」という生得的本能を、遺伝子レベルで持っているといわれている。自分に関することは、自分で決めたい。好き・嫌い、接近・回避などは、自分自身で判断したい。

人間は、霊長類の中でも特に、そうした「自己効力感」を脳内に強く持って生まれてくる。だからこそわれわれ人間は、好き嫌いや得意不得意を自ら選択し、**能動性**を持って**自発的**に学び働き、その結果として、高度で創造的な文化を築くことができたのではないだろうか。

一口メモ

アルバート・バンデュラ（Albert Bandura　1925～）　カナダ出身（その後米国へ）の心理学者。社会的学習理論の代表的研究者で、1990年に、人間は、自分のことは自分で律したいと考える「自己効力感」を持っていることを提唱。

つまり、人間にとって、自己効力感を保つこと＝人間らしく生きること、といっても過言ではないのだ。だから、他人から「これはダメ！」と禁止されるということは、その人間らしさを激しく脅かされる緊急事態となる。一種の**ストレス**を感じることになるのだ。

そんな状況下では、「なんとか失われた自己効力感を回復したい、自分で選択したい！」という、衝動に近い欲求が湧き起こるのは、しごく当然のことかもしれない。その結果、ムキになって「いや、私はこれがしたい」「これが好きだ」と、**自己主張**したくなってしまうのだ。

心理的リアクタンスの正体、それは、「自己効力感」という、人として能動性を持って生きたいという、隠された欲求なのだろう。

恋愛でも、「**ロミオとジュリエット現象**」と呼ばれるように、障害がある関係ほど何とか乗り越えようと躍起になる。不倫関係がズルズルと長引くのも、心理的には同じことが起きているのかもしれない。

「覗くな」「ダメ」「禁止」などと咎められれば、（本来は興味など持たなかったかもしれないのに）、自己効力感の回復欲求から、急にその対象に人は注目し、執着し始めるのだ。

なぜ記憶はときどきウソをつくのか？

▼「フォールス・メモリ」が引き起こす悲劇

火のないところに煙はたたぬ。昔から、「人の噂話には、どんなに小さくても必ず何らかの根拠があるはずだ」と思われている。しかし、時にはまったくそうではないことも起こる。特にセンセーショナルなものとして、一九九三年にイギリスで起きた「**偽りの記憶訴訟**」と呼ばれる事件を見てみよう。

ある高名なカトリックの聖職者が、「**性的虐待**を受けた」という根も葉もない偽りの記憶によって、ある青年から突如訴えられた事件である。しかし、綿密な調査の結果、これが青年の**偽りの記憶**（**フォールス・メモリ**＝false memory）であることが判明した。

青年には誰かを騙す気などはまったくなく、本当に記憶が歪んでしまっていることと、そして、そのような客観的事実は存在し得ないことが、科学捜査によって立証されたのだ。

なんらかの「**記憶違い**」から発生してしまう訴訟問題。こうした例は、欧米では数多く報告されている。

しかも興味深いことに、「**精神分析**」「**催眠療法**」といったキーワードが流行るのと比例するかのように、**虐待**、**イジメ**、**セクハラ**などを受けたことを、突如「思い出した」と訴える被害者が、増加してきているのである。そして、彼ら、彼女らは、まったく身に覚えのない近親者や恋人を名指しで訴え、裁判で激しく論争する。

このような、「事実なのか?」「記憶違いなのか?」という論点で争われる裁判が頻発するようになり、社会問題となっている。

◉なかったことなのに、あったような気がする

ついにアメリカでは、**偽りの記憶症候群協会**(False Memory Syndrome Foundation)が、続いてイギリスでも、**偽りの記憶英国協会**(British False Memory Society)というものが設立された。

これらの機関では、偽りの記憶によって、突如「加害者」にされてしまった人たちを、救済する活動が行なわれている。

後になって**思い出された記憶**(recovered memory)が、どの程度まで記憶違いであり、どのくらいまで信憑性があるのかについて調査するのである。これには、多くの記憶心理学者やカウンセラーが関わっている。

思い違いは誰にでも起こる。実際、思い違いがきっかけになって訴訟を起こす人たちは、何も**精神疾患者**や**記憶障害者**ではない。ごくごく「普通の」人たちなので

一口メモ

虚偽記憶　薬物や催眠療法の導入により「思い出された」、実際には事実ではない出来事についての記憶。精神疾患を抱えているのは、幼い頃に受けた心的外傷が原因、という精神分析の理論から、抑圧された記憶を引き出せば、疾患は治ると考えたカウンセラーにより誘導されたものが多い。

フォールス・メモリとは？

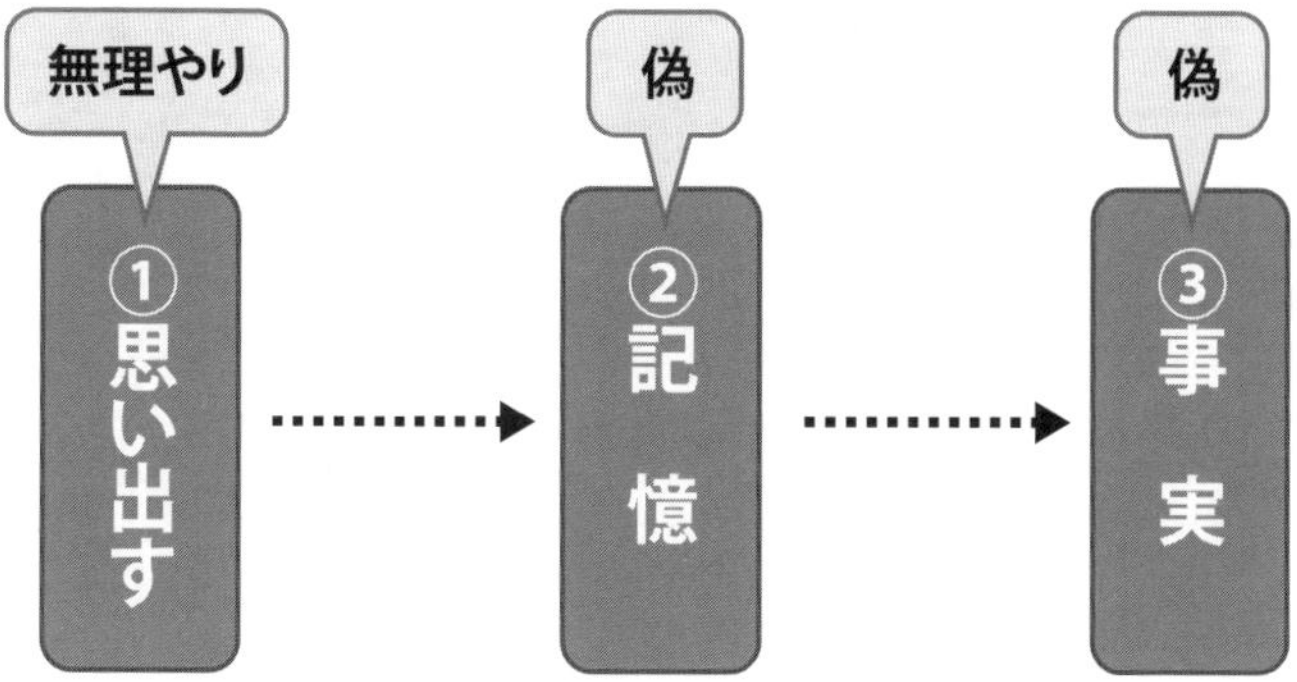

ある。

　レイプや虐待は極端な例としても、日常的にも、これに類似したようなことは、たしかにある。

　「あのときこういった」「いや、いわなかった」といった水掛け論はよくある話だ。このメカニズムについては第3章で詳説するが、現実として、火種がなくても記憶は後からつくられる。

　こういった実態を踏まえて、近年の記憶研究においては、①被験者の「思い出」を対象にした研究は信憑性がない、②記憶は思い出すときにかなり歪み、本人さえもそれに騙される。――この二点が常識となりつつあるのだ。

現象 06

人の潜在能力を最大限に引き出すには？

▼「ピグマリオン効果」が信じる者を救う

「**信じる者は救われる**」「**信じ続ければかなう**」、この**ポジティブ**な発想は、心理学では正しいものと考えられている。

相手を信じるだけで、願いがかなう確率が上がるというのだ。一体なぜ、そのような現象が起きるのだろうか。

ローゼンタールは、このテーマに関して大変大胆な試みを行なっている。小学生の名簿を見ながら何人かをランダムに指差し、「この子は将来、天才になります」と、担任の先生にデマを吹きこむという試みだ。

事前に実施しておいた「**知能テスト**」の結果をダミーとして利用しつつ、完全に適当に五人の名前を名簿から指名してみせる。そして、実際は何の根拠もないにも関わらず、いかにも専門家らしく、その子らの持つ「**潜在能力**」を絶賛して見せたのだ。

「この子は今は普通に見えますが、**空間認識能力**は超人的です」「この子に秘められた**情報処理能力**は半端ではない」といった内容で。

ピグマリオン効果

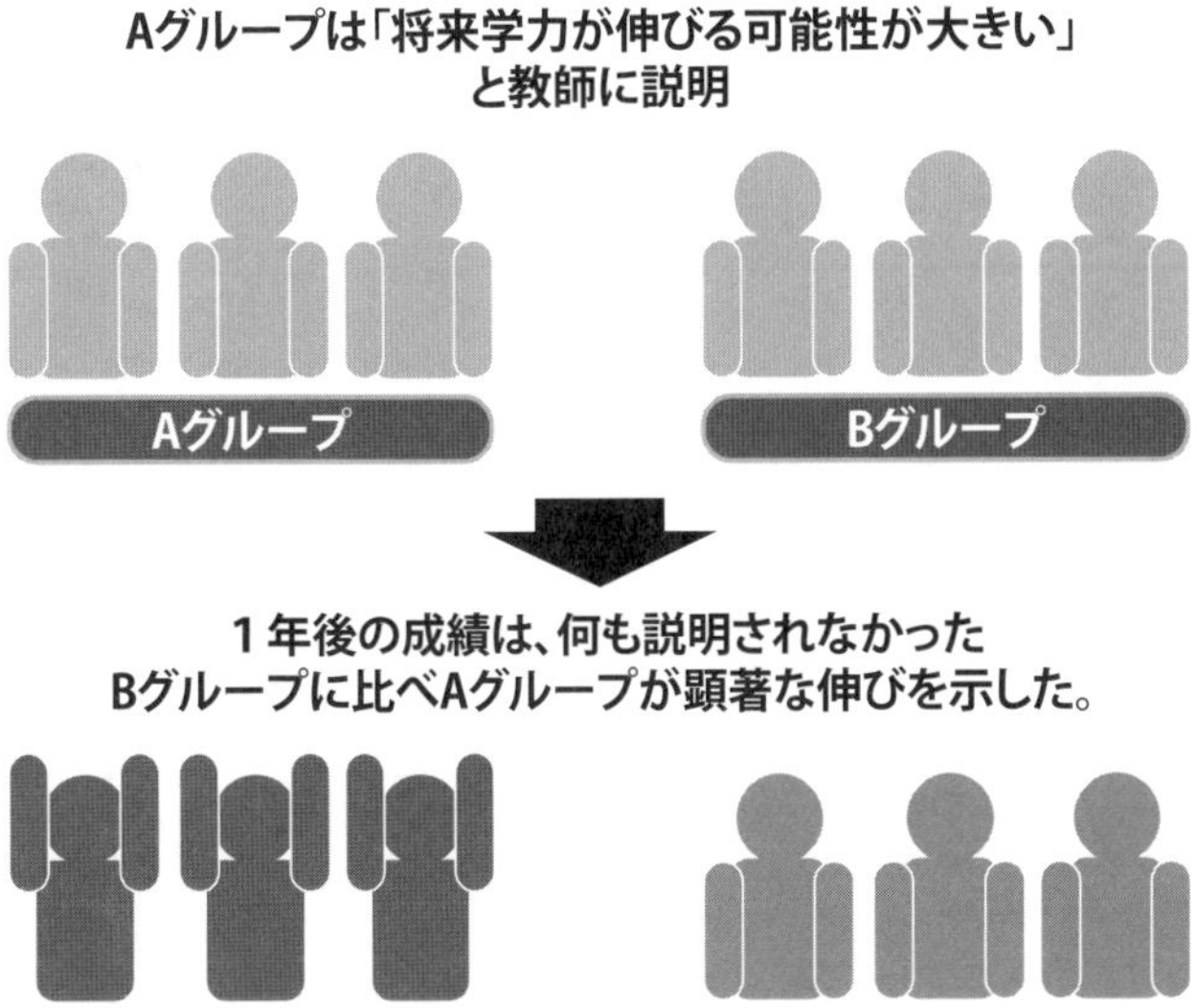
Aグループは「将来学力が伸びる可能性が大きい」と教師に説明
Aグループ
Bグループ
1年後の成績は、何も説明されなかったBグループに比べAグループが顕著な伸びを示した。

担任の教師は、権威ある学者が断言しているのだから、もちろんその予告を一〇〇%信じることになる。「この子は絶対に伸びる！　すごい子に決まっているのだから…」。教師の心は期待でいっぱいになる。

◉「期待」が「現実」になる！

そして一年後。驚くべきことに、その五人の成績は、予告どおり「本当に」、驚異的なものに変貌していたのだ。他の「特に期待されなかった」子どもたちに比べて群を抜いて。単に、担任の教師が信じ続けただけで、「期待」が「現実」と化したのだ。

ちなみに、ローゼンタールたちはこの一年間、担任の教師が「期待する生徒」たちにどのように接するのか、綿密に観察・記録をしていった。他の「ふつうの子」に対する接し方とどのように違ってくるのか、追跡するためである。その結果、

一口メモ

ロバート・ローゼンタール（Robert Rosenthal　1933～）　ドイツ出身（その後米国へ）の心理学者。主にノンバーバル（言葉を用いない）コミュニケーションを専門とし、とりわけ「予想」とそれに伴う「影響」について多くの研究を行なう。

「あの子は天才になる」と指名された子に対しては、やはり毎日少しずつではあるが、特別な扱いをしていることが明確になった。

たとえば、①他の子よりも少しずつチャレンジングな問題に挑ませる、②授業中に指名する回数が多い、③もし回答に詰まっても気長に待つ。このように、実際に「**効果的な学習**」が促進されやすい環境づくりを、一年間にわたって自然に施し続けていたのだ。

つまり、相手を心から信じて期待すると、相手が願い通りになってくれるような働きかけを、「期待した側」が積極的にとるようになる。以心伝心ではない。「期待した側」の実質的なグッドアクションに起因しているのだ。

この「信じればかなう」という現象に、ローゼンタールは「**ピグマリオン効果**」と名づけた。ピグマリオンとは、ギリシア神話に出てくる王である。彼は彫像に恋をし、食事を用意したり話しかけたりして、「彼女」が本物の人間になることを信じ続けた。その姿を見かねた神が彫像に生命を与え、彼の願望はかなった。そういう神話が、名前の由来である。

第一印象を効果的にするテクニックとは？

▼「初頭効果」の恐ろしさ

◉なぜ初対面が大事なのか？

「初対面の人と会うとき、相手に与える自分の**第一印象**に自信がない」と切実に悩んでいる人は、実は少なくない。たしかに、相手に与える第一印象は重要だ。なぜなら、人間の思い込みは長期にわたって変わらず、一度悪い印象を持たれてしまうと、それをくつがえすのはかなり難しいことだからだ。

私たちは人と出会うとき、コンピュータのように人物の特徴を網羅的にとらえ、それを組み立てて、全体像を構築しているのではない。「いい人そう」「嫌な感じ」といった、きわめて漠然とした印象に引っ張られて、人間の全体像をあっという間につくりこんでしまう。しかも、ひとたびつくられた印象は修正されにくく、むしろ増幅していくことがわかっている。この現象のことを、心理学では「**初頭効果**」と呼んでいる。

では、一体どうして初頭効果が起きるのだろうか。それは、人間は「**確証バイアス**」の固まりだからではないかと考えられている。確証というのは「自分の正しさを確かめること」、バイアスというのは「間違い」という意味。つまり、確証バイアスとは「自分の正しさを確かめるような情報ばかりを集める間違い」ということになる。

それがどうして間違いかというと、理論上、物事の真実を見極めるためには、**「確証」**だけではなく**「反証」**のほうも確かめなくてはならないのに、われわれはいつも確証を深めるばかりで、反証のほうをすっかり忘れてしまうからである。

つまり、本当に論理的に「嫌な人だ」ということを証明するためには、嫌な人という証拠をかき集めるだけでなく、その人が「いい人だ」という可能性を、完全に否定しなければならない。それが反証である。本来、確証と反証が両方ともそろって、はじめて「論理」が成り立つのだ。しかし、私たちは、そんなコンピュータみたいなことはできない。

第一印象で「嫌な人」と強く思い込んだら最後、今日も残業を手伝ってくれなかった、この間も自分のコーヒーだけを入れていた……など、「やっぱり嫌な人」と、確証できる情報にばかり目がいくようになる。

たとえ、失敗をフォローしてくれたり、愚痴を聞いてくれたりという出来事があっても、その「反証」のほうは、もはや無視されてしまうのである。

確証バイアスをすぐに取り除くのは難しい。**ヒューマンエラー**であるには違いないが、確証ばかりを集めていくほうが簡単であり、「やはり自分は正しかった」と

一口メモ

確証バイアス　自分が以前から抱いていた先入観や信念に基づいて他者を観察し、自分に都合のいい情報だけを集め、これに反するような情報は軽んじたり、黙殺したりすることにより自己の先入観を補強する現象。

自己肯定できるからである。そういうメカニズムによって、第一印象での失敗をくつがえすのはなかなか難しいといえる。

◉謙遜は無用、自己アピールは長所だけを

一九四六年に行なわれた有名な試みとして、**アッシュ**の**印象形成実験**がある。彼は被験者に、ある人物の性格特性を述べたリストを呈示し、その人物に対する印象について質問している。その際のリストは下記の二つのものであった。

- **リスト1**：彼は、「知的な・勤勉な・強力な・批判的な・頑固な・嫉妬深い」人である
- **リスト2**：彼は、「嫉妬深く・頑固で・批判的な・強力な・勤勉な・知的な」人である

このリストをよく見れば、同じ言葉を正反対の順序で並べているだけであることがわかる。しかし、つくられた印象には大きな開きが見られた。リスト1のように「知的な」といった望ましい特性を先に提示されると、全体として「多少の欠点はあるが、能力のある人」という好印象が形成される。しかし順番が逆転すると、「他の欠点のために、能力が発揮できない人」という悪印象を持つ人が多かったのだ。

これは、一番初めに呈示された特性にイメージが引っ張られて、その後に呈示さ

れた特性の意味解釈が変わってくるからであろう。

たとえば、「親切だが、**自己愛**が強い人」という場合と、「自己愛が強いが、親切な人」という場合では、「親切さ」からイメージされるものがずいぶん異なってくる。

したがって、最初に自分のことを紹介するときは、遠慮せずに自分の**長所**や得意分野だけをうまく話すほうが得策である。もちろん、**謙遜**する姿勢自体が好印象と評価されることはあるかもしれないが、あまりにも「私なんて本当に根性がなくて、そのくせ**独占欲**ばかり強くて」などと**パーソナリティ**を自分でおとしめるような謙遜から入ると、その後何年間も、悪いイメージがまとわりついてしまうのだ。アピールの「順番」だけで真逆のイメージになるほど、印象形成はかなり単純に行なわれるのだ。

◉結局、「温かい人」か「冷たい人」か

前記のアッシュは、先のリストの中にいろいろな形容詞を入れ替えては検討を繰り返し、どんな印象が一番「効く」のかということを突き詰めている。

その結果、「**温かい**」と「**冷たい**」という言葉を入れ替えると、全体の印象がガラリと変わることが明確になった。たしかに、これらは人間性の本質にかかわる要素である。初対面の人の印象を頭の中でまとめる時に、温かさ、冷たさが、中心的

一口メモ

ソロモン・アッシュ（Solomon Asch　1907～1996）ポーランド出身（のち米国へ亡命）の社会心理学者。ゲシュタルト心理学の影響を受けて、他人のパーソナリティについての印象形成の研究などで実験社会心理学の新しい領域を開拓した。

な働きをするのであろう。

アッシュはこのような特性を「**中心的特性**」と呼び、中心的特性いかんで意味が違って解釈されるその他の特性を「**周辺的特性**」と呼んだ。

たしかに、最初に「愛想のない奴」「冷たい人」と思われるのは、致命的な感じがする。その人が、その後どんなに仕事を頑張っても、「冷血な仕事人間」となりそうだし、**リーダーシップ**や**決断力**を発揮しても、「自己中で仕切り屋」と、冷たさばかりに確証バイアスがかかりそうだ。

時折、初対面のときでもいきなり仕事の本題から入る人がいるが、それは最も危険なことだ。その人の温かい人間らしさが感じられるような、世間話や無駄話は端折ってはならない。

反対に、初対面で人間的な温かさ、人なつっこさを感じさせれば、ほぼ未来永劫に高評価が続くのだ。同じことをしていても、**勤勉**さや**リーダーシップ**が「さすがに人徳者は違う！」と、やたらと**ポジティブ**に解釈されることとなる。

しかもこういう人は、たとえ失敗をしたとしても許されやすいことがわかっている。「そこが人間らしく、愛嬌があっていい」などと、いつの間にかフォローされるのだ。端からは妙に、調子よく見えるこのタイプ、第一印象では「勝ち組」といえそうである。

現象 08

小さな悪を放置しておくと人の心はどう変わるのか？

▼「ブロークン・ウィンドウズ現象」のメカニズム

◉悪いことはもっと悪いことを呼ぶ

世界各国の大都市では、壁や公共物への**落書き**や派手なイタズラ書きが後をたたない。社会問題になってかなりの年月がたつが、なかなか一掃されることはない。しかも、その「犯人」らへのインタビューによると、「これは落書きなどではなく、ペインティングというアートだ。街を愛する行為なのだ」とあくまでも肯定的に話す人が多い。

その独特の美意識については賛否両論があるのかもしれない。しかし、大きな問題となるのは、落書きが集中している都市では、それに比例するように、強盗や放火、レイプといった、落書きとは無関係なはずの重大犯罪も増加するという現象である。

落書きではなくとも、たとえば「窓の割られた車」を街に一台放置しておくと、その近隣では急激に他の凶悪犯罪も増えるという。この悪の連鎖現象を、アメリカの**ケリング**博士は「**ブロークン・ウィンドウズ（割れ窓）現象**」と呼んでいる。

一口メモ

ジョージ・ケリング(George Kelling)　米国の犯罪学者。1972年に米国の警察財団が行なったニュージャージー州ニューアークでの警察官による「徒歩パトロール強化」に参加。このときの体験が、『割れ窓理論』につながった。

◉小さな汚れが人を泥棒にする

四〇～五〇年前になるが、サンフランシスコで、数軒の空家にヒッピーが住みつき、それを周囲が黙認していた時期がある。すると、たった数か月で、美しい街全体が無惨にも荒れ果てる危機に直面したのだ。つまり、たった一枚の「**割れ窓**」を皮切りとして、街は荒れ、無秩序状態となって犯罪は多発し、地域共同体をつくっていた住民は逃げ出し、街は崩壊の危機に陥ったのだ。

同様のレポートは世界中から報告されている。実際に調査されたものとして有名なのは、「**郵便受け実験**」である。家の郵便受けの近くの壁に落書きがあったり、付近にごみが捨てられていた場合、その郵便受けから郵便物が盗まれる割合はなんと二五％にものぼったという。ごみや落書きは、節度あるはずの大人の多くを泥棒に豹変させるというのだ。しかし、周囲をきれいにしたら窃盗行為はすぐになくなったという。

また、二〇〇八年の**カイザー**らのフィールド調査も注目を集めている。この調査では、落書きや無節操な花火の打ち上げの形跡が放置されているのを見ると、通りがかりの人も、こぞって同様の行為に及ぶということが示されている。

◉なぜ悪の連鎖を止められないのか

それではいったいなぜ、このような連鎖が起きるのだろうか。

一口メモ

キース・カイザー（Kees Keizer） オランダの社会心理学者。フィールド調査を繰り返し、落書きが存在するだけで、ゴミの投げ捨てや窃盗件数が2倍以上になる実験結果を報告している。

通常ならば、社会集団には強い「**自己浄化**（カタルシス）作用」があるはずだ。**集団心理**としては、自分の住む大切な街が汚されると、一致団結してそれを撲滅しようという「善の方向」に働くのが一般的なはずである。

それに対してブロークン・ウィンドウズ現象は、「漫然とした不安感」によって説明できるのではないかと考えられる。自分の立場に置き換えて考えたとき、もし家の前にとめられた車の窓が割れたままずっと放置されていると、「みんな見て見ぬふりだ。この周辺では、いざというときに自分は誰からも守ってもらえないのだ」と、不安な気持ちになるだろう。些細なことであっても、それが放置されている様を見せられ続ければ、だんだん神経質になったり、**自己防衛本能**や恐怖に反応する**交感神経**がピリピリとし始め、それが高じたときに暴力的になったりするのではないかと考察されている。

つまり、ポイントとなるのは落書きや割れ窓そのもの、というよりは、そういった小さな乱れが、いつまでも「**放置**」されている状況にさらされる不安ということだ。

人は、短く強い**ストレス**以上に、弱くとも長く続くストレス＝この場合は「**社会的放置**（ネグレクト）」に対してとても過敏にできている。非社会的・非道徳的なことがいつまでも片付けられずに放置されているのを目の当たりにし続けることは、誰もを苛立たせしだいに狂気にかりたてる。ブロークン・ウィンドウズ現象は、人

割れ窓現象

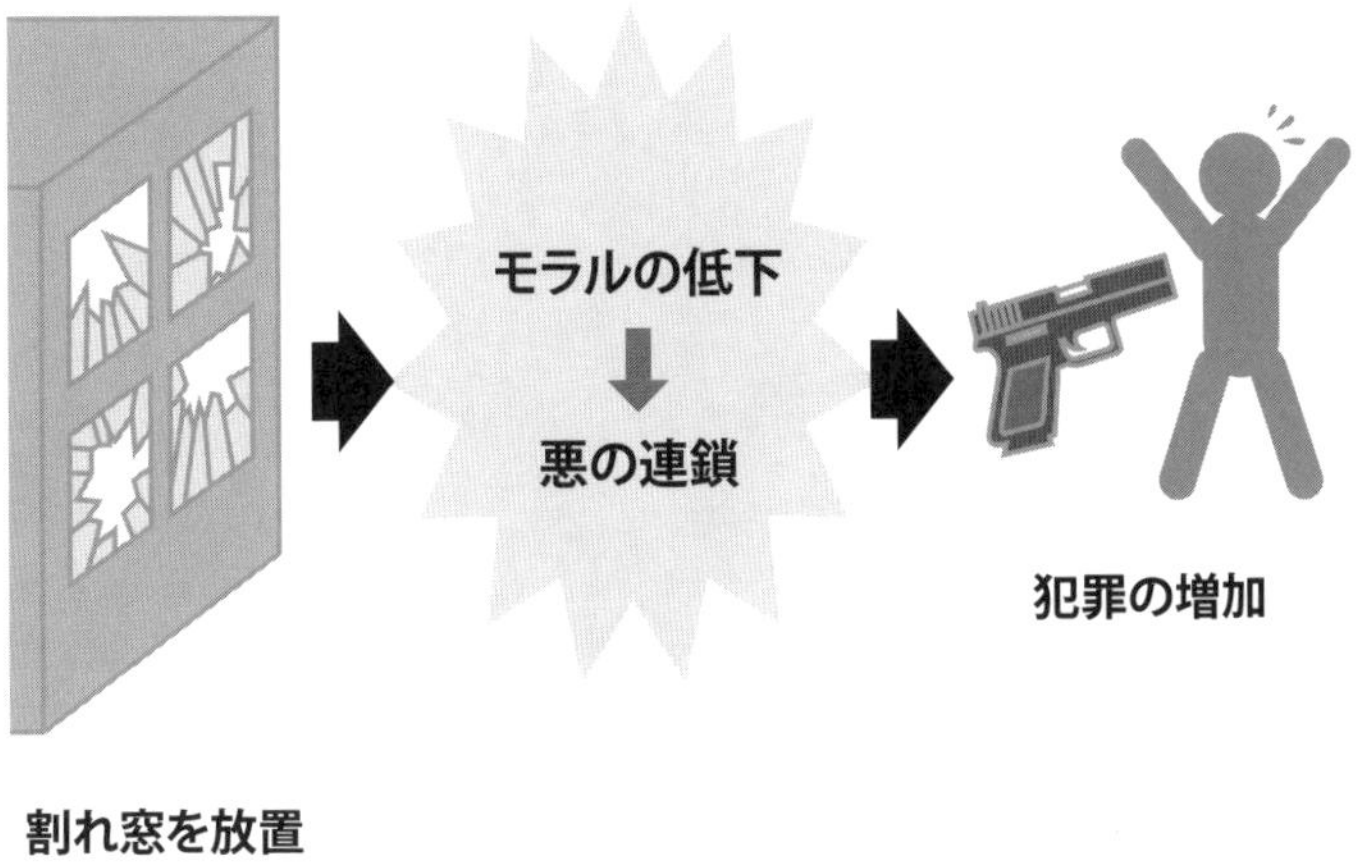

間のそういう脆弱性をあらわにする現象の一つと考えられる。

また、次のような見方もできる。心理学では、他人の行動を反射的に真似ることを「**モデリング**」と呼んでおり、その機能は赤ん坊の頃から備わっていることが実証されている。モデリングは短期間では起きず、一定の長い期間を必要とする。ブロークン・ウィンドウズ現象は、**モラルの低下**という「習慣化した**怠惰**」を長期にわたってモデリングした結果、悪の連鎖が発生するのかもしれない。

◉ブロークン・ウィンドウズ撲滅の大きな効果

一九九四年、ニューヨークのジュリアーニ市長は、「ブロークン・ウィンドウズ現象撲滅」を政策として正式採用し、ニューヨークの街角から〝割れ窓〟の一掃を図った。このために警察官五〇〇〇人を採用し、徹底した徒歩パトロールによって地下鉄の落書きなど軽微な犯罪の取り締まりにこだわった。

当然ながら、ニューヨークのイメージはガラリと変わった。年間で犯罪の認知件数は殺人が六七・五％、強盗が五四・二％、婦女暴行が二七・四％も減少し、凶暴な街のイメージは一掃された。

わが国でも、二〇〇一年に札幌中央署がこのセオリーを採用し、環境浄化総合対策にブロークン・ウィンドウズ撲滅を織りこんだという。歓楽街すすきので、駐車違反を徹底的に取り締まったのである。それによって、路上駐車が三分の一以下に減少したのは当然のこと、二年間で凶悪犯罪を一五％も減少させることができた。

これを受けて、警察庁は平成一四年度版『警察白書』において、次のように述べている。「犯罪に強い社会を構築するためには、これまで取締りの対象外であった**秩序違反行為**を規制することにより犯罪の増勢に歯止めを掛けることも重要な対策の一つであると認められる」。

凶悪犯罪を生み出す元凶の一つは、市民への小さな**心理的ネグレクト**の積み重ねである。ゴミの投げ捨てや落書きの漫然とした放置によって、人は知らず知らずのうちに不安を感じ、傷つけられ、攻撃的になる。

悪いものはすぐに目の前から消す。汚いものは目に触れさせない。単純ではあるが、**メンタルヘルス**にとってこの現象の示唆するところは大きい。

現象 09

人は「お返し」をしたくなる共感してもらうと

▼「好意の返報性」は人間関係の要

友だちや恋人が、あなたとの些細な口げんかでメソメソ泣き始めてしまったとする。もう、ここは街中なのに……。早く泣き止んでもらいたい。こんなとき、あなたはどうするか？

①泣かないで、と謝る
②楽しい話に切り替える
③相手以上に大声で泣く

心理学的に一番効果があるのは、実は③である。少し勇気が要るかもしれないが、相手の感情を越えるくらい激しく泣けば、ほぼ間違いなく泣き止んでくれる。

経験的に、これはカウンセリングに来ている親子の間でよく見られる現象である。私と話をしていて、子どものほうがいろいろと思い出してグスンと泣き始めたときに、その様子を見て悲しくなった母親が、いきなり泣き崩れることがある。するとその子は、いままでの姿がウソのように、ケロッと元気になる。母親の涙がうれしいのだ。

◉共感することが信頼につながる

カウンセラーは、カウンセリング時にクライアントと同じ気持ちになること、つまり「**共感すること**」を一番厳しく訓練される。悩みを抱えている相手と、できる限り「**情動**」を一致させること、そして、ときには相手以上に「私はあなたと同じ感情になっているんですよ」ということを表現することをだ。なかなか難しいことではあるが、その積み重ねによって、はじめてクライアントはカウンセラーを全面的に信頼してくれるようになる。

だから、恋人が泣き始めても、「泣かないで」と懇願したり、話題を変えても効果はない。それはむしろ、相手の気持ちを逆なですることに等しいのだ。

その一方で、人は自分の気持ちを他人にわかってもらえると、お返しに、相手のこともきちんと知りたくなる習性がある。そして、相手の悲しみや苦しみも、一緒に背負いたくなる面がある。心理学では、これを「**好意の返報性**」と呼んでいる。

だから、普段から**世話好き**な人は、いざというときに他人から助けてもらえる確率が高いだろう。反対に、普段から励ましや共感といった人間関係から遠のいて生きている人は、いざというとき孤独であろう。

「**情けは人の為ならず**」は、好意の返報性という心理からも説明できるのだ。

学級崩壊に教師はどう立ち向かうべきか？

▼PM理論とリーダーシップ

学級崩壊の定義は、「子どもたちが教室内で勝手な行動をして、教師の指導に従わず授業が成立しないなど、集団教育という学校の機能が成立しない状況が一定期間継続し、かつ、担任により通常の手法では問題解決ができない状況に立ち入っている場合」とされている。

学級がうまく機能しなくなる原因はいくつかあるだろう。低学年に起きやすいケースとしては、小学校での集団生活や学級活動に十分な準備のないまま入学してきて、学校の求める行動や活動にスムーズに応じられない子どもの存在が学級崩壊を引き起こすケースである。

たとえば、幼児教育では一列に並んだり、椅子に座って長時間話を聞くということを重視していないが、小学校に入るとこれが急に暗黙の集団規範となる。この乖離のことを「**小1プロブレム**」と呼ぶ教育学者もいる。

また、特別な教育的配慮が必要な子どもへの対応ができていないために、学級がうまく機能しないケースもある。

たとえば、**学習障害**（LD＝learning disorder）の子どもなどは、活発に会話ができたり文章も整っていたりするが、数的・空間処理的な問題だけは幼児レベルのままとどまってしまっていることがある。そういった特性を理解していないまま、教師が「算数の努力が足りない」と叱咤するような対応を取り続けると、本人を苦しめるだけでなく、周りの子どもも落ち着かず、混乱することがある。

また、教師の接し方と子どもとの関係で決まる学級集団特有の雰囲気を、教育心理学では「**学級風土**」と呼ぶが、この学級風土と学級崩壊の関連も示されている。

たとえば、教師の子どもへの接し方・指導スタイルが管理的で柔軟性が少ないと、子どもたちの反発が（近年は養育者たちの反発も）広がって、「反抗型」の学級崩壊が生じやすい。反対に、教師が子どもの言い分を尊重しすぎると、友達感覚のやさしい先生との馴れ合いの末に秩序が崩れる「馴れ合い型」の学級崩壊が生じやすくなるといわれている。

◉「目標達成機能」と「集団維持機能」

教師の子どもへの関わり方や指導には、忘れ物をしないように注意をしたり、校則を守るように指導する**目標達成機能**（P：performance）と、生徒の話を共感的に聞いたり、子ども同士の人間関係など、集団生活に配慮する**集団維持機能**（M：maintenance）がある。

一口メモ

三隅二不二（みすみ　じゅうじ　1924～2002）日本の社会心理学者。集団力学（グループ・ダイナミックス）のわが国における先駆者。リーダーシップを集団機能という観点から類型化し、1966年に「PM理論」として発表した

三隅二不二によると、このＰ機能とＭ機能の指導がともに高いレベルの教師や、状況に応じてＰ機能とＭ機能を使い分けることができる教師の学級は、子ども同士の連帯感が強く、規則が遵守され、学習意欲も良好であると報告されている。

これは社会心理学では「**ＰＭ理論**」と呼ばれ、子どもに限らず、大人の会社集団などでのリーダー的人間が持つべき二つの機能といわれている。しかし、この「Ｐ」と「Ｍ」の二つを同時に持つのは、現実的にはなかなか難しい。Ｐ機能を前面に出すリーダーはＭ機能がおろそかになり、Ｍ機能に気を使うリーダーは、どうしてもＰ機能が弱くなってしまう傾向がある。

ビジネスリーダーの素質について、条件を変えながら実験した研究によると、特にすぐれたリーダーは、仕事に関しては「○日までに×を達成」とＰ機能を発揮して叱咤激励するが、メンバー同士のプライベートな揉めごとに関しては一転して、「まあ今日はいいじゃないか」と白黒を早急につけず、メンバー間の自浄作用に任せる面があることが示されている。

つまり、仕事ではＰ機能だけを、それ以外ではＭ機能だけを発揮するという使い分けを意図的に行なっていることが明らかになっている。そういうリーダーの下では、良好な集団風土が築かれやすくなる。

学級崩壊の解決ヒントの糸口も、この実験結果のなかに少なからず含まれているだろう。

Column

トイレの所要時間はどんな要因で変化する？

人は自分の体の周辺に、他人の侵入を拒む“見えない泡”のようなものを持っている。満員電車や人ごみでイライラしたりモヤモヤしたりするのは、その泡の内側に他者が侵入するからである。この心的なわばりのことを社会心理学では「パーソナルスペース」（私有空間）と呼んでいる。これは単なる「気のせい」ではない。嫌だという感情のみならず、生理にまで影響を及ぼす。

その例として「駅の男子トイレの混み具合と排尿時間」についてのアメリカでの実験例を紹介しよう。

①自分（被験者）のすぐとなりで他の人が排尿する

②自分から１つ離れた便器で、他の人が排尿する

③誰もいないトイレで１人で排尿する

この３条件の下で、男性が排尿の体勢に入ってから排尿し始めるまでの時間と、「排尿の継続時間」の２つを測定している。

その結果、①の条件下では、排尿が始まる時間も、その継続時間も他の条件よりかなり長くかかっている。しかし、②と③の間ではほとんど時間差がみられなかった。

膀胱は脳の神経系とのつながりが強いため、排尿の際、リラックスを促す副交感神経が優位になる必要がある。しかし、ストレスがかかると交感神経が優位になり、気分がピリピリしてしまう。そのため、「早くその場を立ち去りたい」と思う気持ちとは裏腹に、普段よりも時間がかかってしまうのだ。

つまり、人はすぐ隣に誰かがいると、自分のパーソナルスペースが確保できず、それがストレスとなって体に影響し、普段のペースで用も足せなくなるのだ。

第3章

「実験」で測る心理学

仮説→検証を重視する「科学」としての心理学

心理学の実験には、大きな二つの特徴がある。
一つは、概念的な理論の整理ではなく、実際に生きている人間や動物の行動を取り扱うということである。
そしてもう一つは、科学のフォーマットに完全に乗せるということである。科学のフォーマットとは、

①仮説を立てる
②仮説の検証法を定義する
③実験や調査を行なう
④結果を数値的に整理する
⑤その数値から結論を導き出す
⑥問題点を明らかにする
⑦次の実験への示唆を明確にする

という、一連の流れのことを指している。

前述したように、実験の面白さは、「頭で予想していた仮説が裏切られる」点にあると思っている。だから、たとえば「美人はモテるだろう」「食べ過ぎたら太るだろう」というような、だれが何度やっても絶対に実証されるような仮説は、わざわざ検証するに値しない。

心理実験のセンスのよさは、いかに人間心理のあいまいな「グレーゾーン」に焦点を当て、そこから意外な結論を導き出すか、ということにある。本章では、それらのお手本となるような心理実験を取り上げ、ご紹介する。

心理学を学ぶことは、最終的には、独力で心理実験を完結できるようになることと等しい。したがって、心理学を本格的に志したいと考えている人には、実験手法にこだわった先人たちの研究成果を見てもらうことが、その近道だろう。

実験01

人をやる気にさせるには どうすればよいのか？

▼効果的な「条件付け」とは？

◉「成せばなる」が意欲を高める

「**アメとムチの法則**」という言葉を、耳にしたことがあるだろう。人の意欲をかき立てたり、行動を思い通りにコントロールしたいとき、相手が望ましいことをしたらアメ（**報酬**）を与え、望ましくないことをしたらムチ（**罰**）を与える。これが行動心理学の基本である。しかしこの法則、そんなに単純なものではないこともわかってきている。アメを与えるタイミングや、ムチを与える量を間違えると、かえって人の意欲をそいでしまうことがあるのだ。

アメとムチを使い分けることで人の意欲を左右することを、行動心理学では「**条件付け**（conditioning）」と呼ぶ。シンプルながらも奥深いこの法則に、心理学者たちは古くから魅了され、小動物を使ってあれこれと実験を重ねてきている。

たとえば、左ページにあるようにT字型の迷路に入れたネズミを、「右方向にだけ、進みたがるネズミ」に育てたい。あなただったらどんな仕掛けを考えるだろうか？　たとえば、右側に好物のクッキー（アメ）を、左には電気ショック（ムチ）

「アメとムチ」最も効果的なのは？

を用意するといったところだろうか（A）。その迷路だと、理論的にはアメとムチの効果が一〇〇％あらわれるはずであり、実際、その実験は何度やっても成功する。

よいことをしたらよいことが起きる、悪いことをしたら悪いことが……、そう信じ込ませることを、心理学では「**随伴性の認知**」と呼ぶが、この操作ではその随伴性が、ネズミに完全に学習されたのだ。成せばなる！　という環境を丁寧に整えることで、望ましい行動だけに意欲を燃やすようになる（この場合は右にだけ進むこと）。これは、古くからの**教育法**の王道といえるだろう。

◉「アメとムチ」を超える「アメとムシ」

ところが、電気ショックを少し強めに設定すると、それだけでこの実験はすっかりだめになってしまうことも報告されている。たとえば、ネズミが間違えて左に進んで、強い電気をビリビリッとやられた場合。突然のムチに怯《おび》えて、なんとその場で完全にうずくまり、まったく動かなくなってしまう。右にも左にも進まない、いわば**無気力**なネズミになってしまうというのだ。しかも後で解剖したら、その実験に使われたすべてのネズミが、ストレス性胃潰瘍になっていたという。

このような実験が行なわれるまでは、「アメとムチ」でワンセットのように考えられていたのだが、ムチはときとして逆効果になることが指摘されはじめた。ムチを恐れてトライすること自体を断念し、リスクをおかしてまでアメを取りにいこうとする意欲など、すっかり吹き飛んでしまうのだ。じっとしていたほうが、生物として**適応的**だという判断をするようになるのだろう。

人間も同じで、相手の意欲をコントロールしようとするとき、ムチは意外に役立たない。叱られるのが嫌でフリーズしてしまい、先のネズミと同じように、**試行錯誤**そのものが億劫になってしまうからだ。その状況で、火中の栗を拾う人は、なかなかいない。

日常的にも、人をコントロールするのがうまい人は、相手が望ましい行為をしてくれたら、それを大げさなくらいに褒めちぎり喜んで見せる。しかし、イヤなことをされた場合は、それを叱責するでも非難するでもなく、単に**ネグレクト**（無視）する。相手にとっては、文句をいわれたり叱りつけられたりすることは、むしろ「かまってくれた」行為としてムチのつもりがアメになってしまう可能性すらあるのだ。やはり「アメとムシ」方式が、お互いに疲れにくく、合理的であるといえる。

◉「連絡マメ」な恋人を育てるには？

では、ここまでの復習のつもりで、「恋人から積極的に電話がかかるように仕向ける」という課題について考えてみよう。条件付けの観点からは、次の三つの原則が重要である。

［原則1］ 用もないのにこちらから電話してはならない

一口メモ

バラス・スキナー（Burrhus Skinner　1904～90）行動主義の中心的指導者。動物の条件付けを研究するための「スキナー箱」を考案し、仮説を用いない記述的な理論体系をつくった。「随伴性の認知」もスキナーの用語。

［原則2］ 電話することを要求したり、かけないことを怒ったりしてはならない

［原則3］ 電話がかかってきたときは、うれしそうに話さなくてはならない

まず［原則1］についてだが、相手がまだ何も努力をしていないのに、一方的にアメ（あなたからの電話）が与えられる状況は、条件付けを阻害することになる。これを繰り返すと、「こちらからは放っておいてもOKなのだ」という思考パターンが定着してしまうからだ。

そして［原則2］。「なんで電話してこないんだよ！」「ふつう連絡は毎日くれるでしょ！」などと、言葉のムチを持続的に与えるのはもってのほかである。先のネズミのように、**防衛本能**のほうが強く働き、行動そのものを起こす気力が萎えてしまうからだ。

最後に［原則3］。待ちに待った相手からいよいよ電話が。そのときこそ、アメをきちんとあげなくてはならない。ここで、「連絡が遅い」「ほんとに仕事だったの？」などとムチを与えてしまえば、条件づけなどは成り立たない。相手の意欲はどんどんなくなるばかりだろう。もらった電話では、決して愚痴ったりケンカしたりせず、相手がハッピーになれるような話題を選ぶこと。これが、条件付けの理論からは最も理にかなっていることになる。

実験 02

人はどうやって マインド・コントロールされるのか？

▼「間欠強化」は高次の条件付け

◉アメとムチの変化球で、マインド・コントロールは簡単に起きる

前項で触れた「アメ」だが、これには二種類の「与え方」がある。その二種類の使い分けによって、人間の行動は簡単に**コントロール**されることがわかっている。

まず一つめの与え方は、「**連続強化**」という方法。先ほどのT字迷路の例でいえば、正しい方向に向ったときには「必ず」クッキーがもらえる、という強化方法である。そして二つめの与え方は、「**間欠強化**」と呼ばれる方法。これは、行動に対して、アメを与える場合と、あえて与えない場合を意図的に設ける方法である。つまり、正しい方向に行けば基本的にクッキーがもらえるのだが、五回に一回くらいはもらえない。頑張っても、必ずしも報酬が与えられるわけではない、という状況だ。

相手をコントロールするには、基本的には「連続強化」が有効である。頑張れば報われるという「**随伴性の認知**」は、人間同士の信頼関係になくてはならないものだろう。しかし厄介なことに、それだけでは、クッキーがもらえて「当たり前」と

間欠強化でマインド・コントロール

5回に1回、クッキーを与えない。

いう心理にもなってくる。連続強化だけでは、飽きてくるのだ。

相手を飽きさせず、長期にわたって操ることに長けている人は、二種の**強化法**の「組み合わせ」を行なっている。最初の頃は、連続強化によって信頼関係を強固なものとするのだが、それが完成したら、今度は間欠強化に切り替え、相手に意外性を与えるのだ。

たとえば、ある新興宗教では、最初の頃は教祖にお布施をすれば必ず称《たた》えられ、有難いお経を読んでもらえる。つまり、連続強化の状態である。しかし、それが習慣化した頃、お布施をしても教祖から無視されたり、苦言や厳しい説教を食らったりするようになる。それは教祖しだい、という状況に置かれるのだ。つまり、連続強化から間欠強化にいきなり切り替わるという、巧妙なプログラムに巻き込まれる。

こうなると、もう飽きるどころではない。もっとお布施をしなければ、熱心に通わなければ、と意欲を通り越して、狂気のように血道をあげてしまうのだ。

このトリックは日常にも潜んでいる。たとえばギャンブル。大勝利も経験するが、運の要素が強いため、続けているうちに負ける機会も増えてくる。しかしまた、突然勝利が降ってくるかもしれない。インベーダゲームやルービックキューブのような、「能力」だけのものが一過性のブームに終わったのに対して、競馬、パチンコのようなギャンブルはいまだに**マインド・コントロール**の手をゆるめない。

◉「自分で決めたものはよい」という幻想

ギャンブルといえば、宝くじなどの興行くじもその要素を持っている。「今回は、何としてでも一億円以上を狙いたい！」そんな強い野望があるとき、人は次のどちらの行動に出るだろうか。

A：小売店を自分で決めて、自分で並んで買ってくる

B：友人に頼んで、ついでに買ってきてもらう

ある実験では、このA、B、二つの状況を仮想的につくり出し、「今回の宝くじは当たっていそうか」という被験者の**期待度**が、どのくらい高まるかを測定している。その結果が、左ページ上のグラフである。明らかに、自分で買ったほうが、そのくじは当たりそうだという期待度が高くなることがわかる。こんな大仕事を人まかせにはできない、という気持ちがわくのだ。

しかし冷静に考えて見ると、「くじ」というものの性質上、本当は誰が買ってこようと、当たるも当たらないも、結局は確率の問題である。つまり私たちはみな、「自分で選んだものはよいもの。人が選んだものはアテにならない」という**幻想**、「**コントロール・イリュージョン**」を、心の中に抱いているのだ。

この性質をうまく使ったテクニックとして、たとえば店頭でよく、次のようなディスプレイ法を見かける。

- 何色ものポロシャツを、一面にずらっとディスプレイ

今回の宝くじは当たっていそうか？

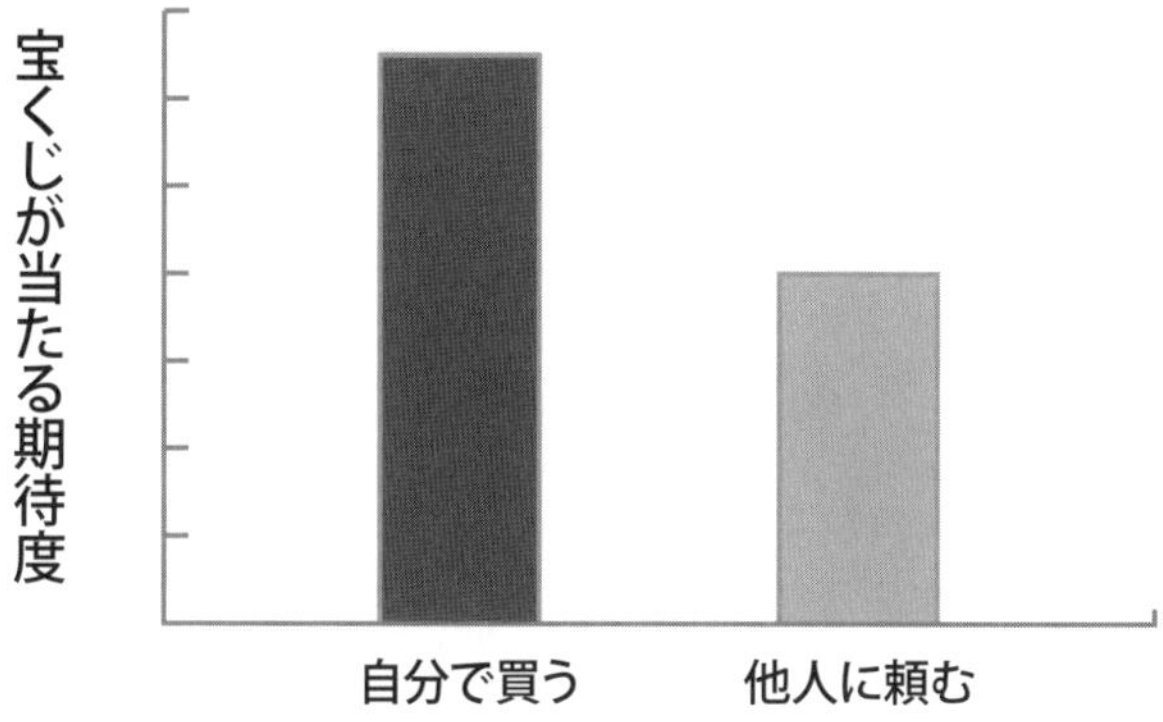

・何色もの口紅を、横一列にぎっしりディスプレイ

人は、グラデーションが壮観に並べられているのを眺めていると、どれか一つ自分に似合いそうと感じ、「自分だったらこれかな？」と、いつの間にか**強制選択**してしまう。そして一度選択してしまうと、今度はそれを手に入れたくなる。自分で選んだ、自分で決めた、という幻想がわくからだ。店員から「これがおすすめですよ」などとあてがわれるよりも、自分で考えて「これ」と決めてしまったものには、心理的には数倍価値があるように感じるのだ。

「自分で選んで進んだ道なんだから、これでよいに決まっている」、この**自己暗示**は誰しも強固に持っている。新興宗教などでは、このコントロール・イリュージョンをいろいろな儀式で本人に確認させることによって、マインド・コントロールをなおさら解きにくくしているように見える。

人がやる気をなくすのはどういう状況か？

▼努力しても無駄、という思いが生む「学習性無力感」

◉人は「やる気満々」で生まれる

人は生まれて一歳前後になると、発達心理学では「**言葉の爆発期**」と呼ばれるほど、脳や筋肉の動きが活発になる。私の甥はちょうど一歳数か月になるが、目に見えるものすべてに対して「ああ！」と声を発し、興味を持って執着する。置いてある財布からクレジットカードを抜き出しては眺め、噛みつき、それを取り上げたら今度は携帯電話のボタンを押して、また口にくわえたりしている。その**好奇心**は、とどまるところを知らない。

母親は、常にその好奇心との戦いに明け暮れ、いかに息子の意欲（？）を押さえ込むかに必死である。これは多かれ少なかれ、どの家庭にも見られる光景だろう。面倒くさそうに、憂鬱そうに遊んでいる乳幼児はあまり見たことがない。人間はみな、**意欲**や好奇心に満ち溢れて生まれてくるのだ。

しかし、人は大人になるとその「意欲」をなくしてしまう。これはなぜ起きるのだろうか。**セリグマン**の実験は、この謎を解く教育心理学というジャンルの中では、

一口メモ

マーティン・セリグマン（Martin Seligman　1942～）　米国の心理学者。主に、うつ病と異常心理学に関する研究を行ない、学習性無力感の理論を提唱。ポジティブ心理学の生みの親。

最も有名なものの一つである。

◉無気力でいるほうが得なときがある

実験方法は、イヌを身動きができないよう固定し、体に電気ショックを与えるというものだ。当初、イヌは何とか電気ショックを回避しようとありとあらゆる行動に出るが（逃げようという意欲があるから）、非情なことに、電気ショックはイヌの努力とは無関係に流れたり、いきなり止まったりする。

こういった操作を繰り返すうちに、イヌはもう、電気ショックを回避しようとしなくなる。つまり、**無力感**に陥るのである。その理由は、「電気ショックによる苦痛を受けたから」と思われるかもしれないが、そうではないところがポイントである。量的には同じだけの電気ショックを受けながらも、鼻でパネル状のスイッチを押すことにより、「自力で」電気ショックを止められるよう条件設定されたイヌは、まったく無力感には陥らないのだ。

つまり、電気ショックのような「**嫌悪的なトラウマ**」が無力感をもたらすのではなく、それを自分の頑張りではどうすることもできない、と感じてしまった時に、**無気力**になっていくのだ。このような、努力が無効であるという経験が生み出す無気力状態のことを、セリグマンは「**学習性無力感**（learned helplessness）」と命名した。ここで、「学習性」という表現に違和感を持たれる方もいるかと思うが、この概念こそがこの実験のカギである。

「**学習**」とは経験を通して何かを身につけることである。普通、身につくものは価値あるもの、役に立つものだが、学習性無力感では、なんと「何をやっても望む結果が得られないのだから、努力するだけ無駄」という信念、まさに「成せばなる」とは正反対の感覚を「学習」してしまったのである。

無気力感について研究している**ロナルド・ヒロト**らはこれと類似した実験を人間を対象にも試みているが、たとえば騒音など嫌悪的な刺激を自分では制御できない経験や、解決不可能なパズルを「解ける」と偽って解かせるといった経験によって、簡単に人は、やる気をなくすことが示されている。

◉やる気に水をさされる瞬間

人間の意欲には、大きく分けて二種類ある。一つは、「**外発的モチベーション**」。つまり、頑張ることで物質的な報酬や評価を得ようとする意味での意欲である。そして、もう一つは「**内発的モチベーション**」。これは、やっている仕事や遊びの内容自体に、面白さ、充実感、使命感を感じて頑張ろうとする意味での意欲である。そして人間は一般的に、内発的モチベーションによって動いているときのほうが集中力が高く、エラーも起こしにくく、よい結果を出すことがわかっている。

学習過程と教育について研究している**市川伸一**らの一連の調査によっても、「テ

一口メモ

モチベーション　動機を与えること。動機づけ。外発的モチベーションとは、外部からの強制、義務、賞罰などによってもたらされる動機づけであり、内発的モチベーションとは、自らの意欲や好奇心によってもたらされる動機づけのこと。

ストでいい点をとるために」「ゲームを買ってもらうために」勉強し続けている子どもよりも、「大好きな科目がある」「新しいことを知って物知りになりたい」という内発的モチベーションで勉強している子どものほうが、圧倒的に高い集中力を維持しながら、効果的な学習法をとっていることが示されている。これは、もちろん大人の場合でも同じであろう。

しかし、せっかくのこの内発的モチベーションは、ちょっとしたことがきっかけで、簡単に外発的モチベーションにシフトダウンしてしまう。それは、せっかく内発的に仕事をしている最中に、外的な叱咤激励が与えられた場合である。やりがいを感じて仕事しているときに、にわかに物理的報酬を与えられると、今後はもう、報酬なしで仕事をするのが馬鹿馬鹿しくなってしまうのだ。

したがって、内発的に行動している人に対して、「偉いぞ」と上から評価したり、「頑張ればトップになれるぞ」と激励したりするのは危険なことである。心のどこかで「余計なお世話だ」という**心理的リアクタンス**（**反発心**）が起き、貴重な内発的モチベーションに水をさすことになる可能性があるのだ。こう考えると、「いま勉強しようと思ってたのに、お母さんに言われたから嫌になった」という子どもの言い訳も、あながち屁理屈ではない。他人のために頑張っているのではなく、自分のために頑張っている——。人は、その気持ちをかたくなに持っていたい生き物なのだ。

実験04

やる気を最大限に引き出すアメの与え方とは？

▼「アンダーマイニング」には要注意

◉やる気をそぐ間違ったアメ

先に、**内発的モチベーション**が**外発的モチベーション**にシフトダウンしてしまうことによって、人は意欲を失ってしまうと述べた。これについて、動機付けの研究をしていた**デシ**は「報酬の与え方」と関係させた興味深い実験をしている。

ソマという大変面白いパズルがあるのだが、デシはこのパズルを二つのグループの大学生にやらせている。一つの大学生のグループはこのパズルを解くと報酬として一ドルもらえるが、もう一方の大学生のグループはいくつ解けても報酬はもらえないという条件設定にした。

そして、デシは両方のグループに、同じ長さの休憩時間を与えた。その休憩時間に大学生たちが何をするのか、こっそり観察するためである。

すると、報酬を与えられたグループの大学生は休憩時間になると、パズルをやめ、寝そべったり、雑誌を読んだりして時間をつぶした。一方で、報酬を与えられなかったグループの大学生は、何をしてもいい自由な時間であるにもかかわらず、熱心

一口メモ

エドワード・デシ（Edward Deci） 米国の心理学者。内発的動機づけ研究の第一人者で、1995年に「外発的報酬は内発的な動機付けを低下させる」という理論を自著で発表した。

にパズルを解いて楽しんだのだ。報酬を与えることで、かえって物事そのものへの関心を失ってしまう。これを心理学では「**アンダーマイニング**」と呼ぶ。

デシはアンダーマイニングについて、次のような面白い寓話も紹介している。

――ある町で、ある男が店を開きました。そこに嫌がらせをする一団の不良たちがやってきて、店の前で大声で叫んだりして商売の邪魔をします。不良たちは店を開いた男を町から追い出そうとしたのです。ところがその店主は、何を考えたのか、その不良たち全員に一〇セントを与えたのです。不良たちは喜んで、翌日もやって来て大騒ぎをします。次の日も同じように、店主は「今日は五セントしかあげられない」とお金を渡します。次の日も同じように、店主は「今日は一セントしかあげられない」と告げます。すると不良たちは、「そんなわずかな金では大騒ぎなんかできない」と怒って帰ってしまいました。こうして店主は、店を守ることに成功したのです――。

いいことであれ悪いことであれ、一度報酬を与えてしまうと、人は何のために行動しているのかが見えにくくなる。本来ならば、意欲に満ちあふれた赤ん坊のうちから、アメで容易につろうとするのではなく、その物事の本質を楽しめるように見守るのが理想なのであろう。大人になってからも、仕事自体に使命感や楽しさを感じているときには、その「途中」で報酬を与えてはならない。しかし、現実的には報酬（アメ）なしでは生きていけない。そこが難しいところだ。

◉アメはＴＰＯに応じて与える

報酬、アメを与えるときには、二つの大切なポイントがあると考えられる。一つめは、「与えるタイミングを間違えないこと」、そして二つめは、「グレードに明確な段階をつけること」である。

まず、タイミングの問題について。いいことであれ、悪いことであれ、もし相手が外発的モチベーションで行動を起こしている場合には、「そのときに」「その場で」褒める、もしくは注意するのが鉄則である。悪い結果になればすぐにお駄賃を減らすとか、いいことをしたらすぐに言葉で褒める、といった要領である。これは行動心理学で「**即時フィードバックの原則**」と呼ばれており、報酬の内容以上に、その迅速性が重要であることが、ネズミやチンパンジーを対象とした研究でも確認されている。

しかし、先にも述べたように、本人が内発的モチベーションで楽しんでいるときに、余計なアメを与えると、かえって意欲に水をさすことになる。人間の場合は、その心のヒダが動物よりも複雑である。

見分けるのが難しいかもしれないが、内発的に頑張っている間はそっと見守り、仕事が一段落したときに大々的に褒め称えるのがベストであろう。そうすれば、「充実した楽しい仕事だった。また次も頑張ろう」と思え、次からも変わらず内発的に動くだろう。

一口メモ

アンダーマイニング現象 自己の意思や意欲に基づく内発的な動機による行為に対して、報酬を与えるなど外発的動機づけを行なうことによって、動機づけが低減する現象。過正当化効果とも呼ばれる。

自分自身にアメを与えるのも同様である。自分で自分を調教することを「**自己強化**」と呼ぶが、給料のために、とか、人に認められるために頑張っているのであれば、努力したときにはすぐに「自分にご褒美」を与えなければ、**テンション**が持続しない。しかし、その仕事自体に意欲を持っているときは、それが完成するまでは、わき目も振らずに頑張り続けたほうが、本質的な意欲を維持することができ、結果的に質の高い仕事ができるといわれている。

次に、報酬にはグレードをつけることも大切なことである。たとえば、あなたが会社の上司であるとして、部下が何かちょっとだけ頑張ったときに、「よくやったな」と声をかけ、部下がたいへんな手柄をたてたときも、同じように「よくやったな」では、せっかくアメを与えているつもりでも、それがうまく届かず、かえって白々しく感じられてしまう。

したがって、たとえば「よくやったな」くらいは、少しの努力が見られたときにも口にするが、「さすが○○君だ」とか「感心した」という台詞は、かなりの手柄を立てた場合まで取っておく、などというように、アメの基準を自分で決めておくとよい。

以上のように、賞賛の強さ、叱咤の激しさ、そしてそのタイミングを、相手の行動の度合いや、それが内発的か外発的かに応じて段階的に使い分けられるようになれば、「教育の達人」であるといえるだろう。

実験05

記憶の達人はどうやって覚えているのか？

▼暗記ではなく「精緻化」を図る

◉酔ったときのことは、また酔えば思い出す

仕事や勉強をするときは、できるだけ同じ場所で行なうほうがはかどる。

私の経験では、文章を書くときにカフェなどに出かけて書こうとしても、「あれ、書くことが何もない」と焦ってしまうことが多いが、研究室や書斎に身を置くと、それだけで「たしか、あの実験を誰々がやっていたな」と、多くのことを思い出せる。

これと同様のことは、記憶についての研究を行なっていた**ゴッドン**らの実験でも示唆されている。ゴッドンらは、被験者を、「水中で単語を覚えるグループ」と、「陸上で単語を覚えるグループ」に分け、**記憶**の定着について比べている。その結果、大切なのはどこで勉強するかということではなく、「覚える『場所』と、それを思い出す『場所』が一致しているか」ということであったという。

また、他の実験では、覚えるときにかけていたＢＧＭと、思い出すときのＢＧＭが一致しているほうが、たくさんのことを思い出せるという。この現象は、記憶の

環境文脈の一致効果

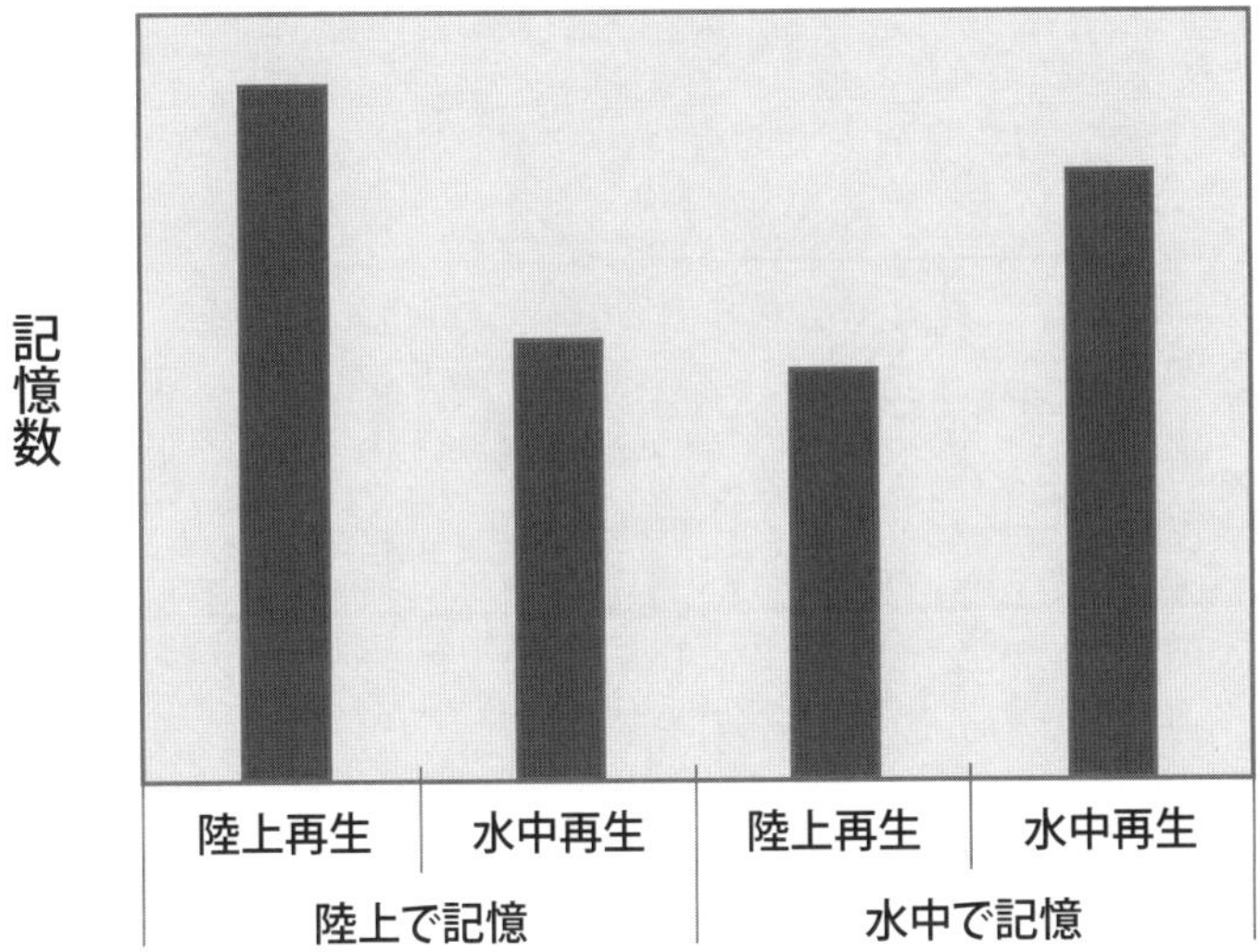

「**状況依存効果**」と名づけられている。

記憶力を上げる基本は、あちこちで勉強や仕事をせず、できる限り同じ状況で作業をするということだ。

◉「なぜなら」があれば、ずっと忘れない

腹の減った男がネクタイをしめた
太った男が錠前を買った
眠い男が水差しを持っている

――今ひとつわからない情報だが、この三つの文章を丸暗記できるだろうか。数時間なら可能かもしれないが、一週間後に「思い出せ」といわれても、ほとんどの人が忘れているだろう。しかし、**ブランスフォード**らは、「情報同士の間に『なぜなら』という理屈をつける」ことで、不可解な文章も半永久的に記憶に残ることを実証している。

たとえば、「腹の減った男がネクタイをしめた（なぜなら、高級レストランに入るため）」「太っ

た男が錠前を買った（なぜなら、冷蔵庫に鍵をかけるため）」「眠い男が水差しを持っている（なぜなら、コーヒーを入れるため）」といった要領で理屈をつけるのである。

情報と情報をこじつけて、意味をもたせることを、記憶の「**精緻化**《せいちか》」と呼ぶ。**丸暗記**では覚えられないことを、自分なりに精緻化して頭に入れることによって、記憶力は格段に上がる。

◉覚えようとするのではなく、理解しようとする

以下の文章を覚えてみてほしい。

「手続きは、まったく簡単である。まずそのものをいくつかのグループに分ける。そのグループの数はするべき量に関係しており、適切な量にしなければならない。もしそこには設備がないので移動しなければならないとしても、それは次の段階である。移動の必要がなければ準備は終わったことになる。あまりに多くの量を、やりすぎないことが大切である。つまり、一度にあまりに多くの量をやるくらいなら、少なめの量で行なうほうがよい。短期的には、これはそれほど重要でないように見えるかもしれない。しかし、すぐに厄介なことになる。ここを間違えると、結果的に高くついてしまうことがある。最初は手順全体が複雑に思えるかもしれない。でも、それはすぐに生活の一側面に過ぎなくなるであろう。比較的近い将来にこの仕

一口メモ

ジョン・ブランスフォード（John Bransford）　米国の認知心理学者。学校で学んだ知識を生活の中で「活性化」させることを目的としたマルチメディア教材『ジャスパー・プロジェクト』の開発者としても著名。

事がなくなるという見通しはない。その手順が完了すると、またいくつかの山にまとめる。それから適切な場所に入れる。やがて、それらはもう一度使われる。このようなサイクルをくり返さなければならない。しかし、これは、生活の一部なのである」

――これくらいの情報量を覚えるとなると、先述した「状況依存効果」や「精緻化」を駆使しても、かなり難しくなってくるだろう。それは、この文章の意味がわからないからである。

実際にブランスフォードらは、この文章に「衣類の洗濯」という意味を与えて読ませれば、すべての被験者が、この文章の要点を覚えることができることを示している。「これは洗濯の話なのだ」とわかった上でもう一度読み直してみて欲しい。丸暗記しようとしなくても、断片が頭に入ってくる感覚をつかめるはずだ。

日本でも中高校生を対象にした同様の実験が多く見られるが、「記憶力がよい生徒＝理解しようとする生徒」であることが明らかにされている。よく理解できないのに丸暗記しようとするのは、間違った努力だ。そんな根性は早めに捨てて、「いかに意味を理解するか」という方向に意欲を燃やすほうが効率的である。理解することは、自分のすでに知っていることと、新しい情報を結びつけること。頭の中をコンパクトに整理整頓するための近道といえる。

実験06

偽りの記憶はどうやってつくり出されるのか?

▼会話で生まれる「構成的想起」

同じ会合に出席しても、「気まずい空気だった」と回顧する人もいれば、「盛り上がった」と語る人もいる。まったく同じ状況で、同じ事件を目撃したにもかかわらず、後になって語られる目撃情報が、人によってずいぶん食い違うことも少なくない。第2章でも、人は「**偽りの記憶**」を思い起こすことがあることを述べたが、こうしたことはなぜ起こるのだろうか。

認知心理学者の**ロフタス**らは、思い出すときの誘導的質問に着目し、「会話」が偽りの記憶をつくり出すことを実証した。被験者に自動車事故の映画を見せ、その直後に映画の中で起きた出来事について質問をしたのである。

その際、ある人たちには、「車が激突(smashed)したとき、何キロくらいのスピードが出ていましたか?」と尋ね、またある人たちには、「車がぶつかった(hit)とき、何キロくらいスピードが出ていましたか?」と尋ねてみるというものだ。一週間後に被験者は再び呼び出され、前に見た映画についてまたいくつかの質問を受けた。その質問の中には、「あなたは映画で、ガラスが割れたのを見ましたか?」

一口メモ

エンデル・タルヴィング（Endel Tulving　1927～）エストニア出身の心理学者（のちカナダへ）。トロント大学で記憶研究会を主催、トロント学派と呼ばれる。「記憶システム論」という記憶の階層モデルを提唱。

というものが含まれている。

映画にはガラスが割れるシーンはないため、正解は「ノー」である。以前に「ぶつかった」という表現で質問された人たちは、ほとんど全員が「ノー」と正しく答えた。しかし、「激突した」で質問を受けた人たちは、三〇％以上の人が「イエス」と答えている。ないはずのシーンを、頭の中でつくり出してしまったのだ。

同様のものとして、こんな実験もある。ゴチャゴチャと家具や物が置かれている部屋に入ってもらったあとで、ある被験者には「さっきの『リビング』にあった物を、なるべく思い出してください」と質問する。そして、残りの被験者には、「さっきの『研究室』にあった物を、なるべく思い出してください」と質問するのだ。

すると、前者の被験者は、「ソファー、コーヒーカップ、テレビ……」といった、いかにもリビングらしいものを思い出し、後者の人たちは、「デスク、パソコン、書類の山……」といった、いかにも研究室らしいものを思い出すのである。**タルヴィング**はこの現象を「**構成的想起**」と呼んでいる。相手の質問に誘導され、思い出す内容がつくられるのだ。

同じ場面を見たはずなのに、聞き手がどういう言葉を使って尋ねるかによって、記憶情報が簡単に誘導されてしまう。これらの一連の実験結果は、人間が「会話しながら想起する」ことの危うさを露呈することになり、たいへん注目を浴びた。

実験07

うわさ話はどう生まれどう広がっていくのか？

▼「集団エゴイズム」が事実を歪める

◉集団はウソを真実に変える

うわさ話が膨らんでいく背景には、必ず「**集団性**」という要素が介在している。**集団心理**が露呈される実験として、こんなものがある。

左ページの図を見ていただきたい。微妙にBとDの長さが似ているが、一番長いのはもちろん「D」である。この正答率は、一人で考えさせたときにはほぼ一〇〇%である。しかし、集団でいるときに、数人のサクラが混じって「Bが一番長い！」と力強く口にすると、正答率が一気に低下する。それは気を使って同調しているわけではない。集団でいると、ただそれだけでサクラにひきずられやすくなり、本当に、一瞬「B」が長いように見間違ってしまうのである。

このほかにも、被験者にただのビタミン剤を飲ませたあとで、「いま飲んだのはビタミン剤ですが、心拍数を少し高める効果もあります」という、ウソのアナウンスを流すという実験がある。その際、一人でいる被験者の場合は、身体に目立った異変は起こらない。ただのビタミンなのだから、それで当然である。しかし、集団一番長いのはどれ？

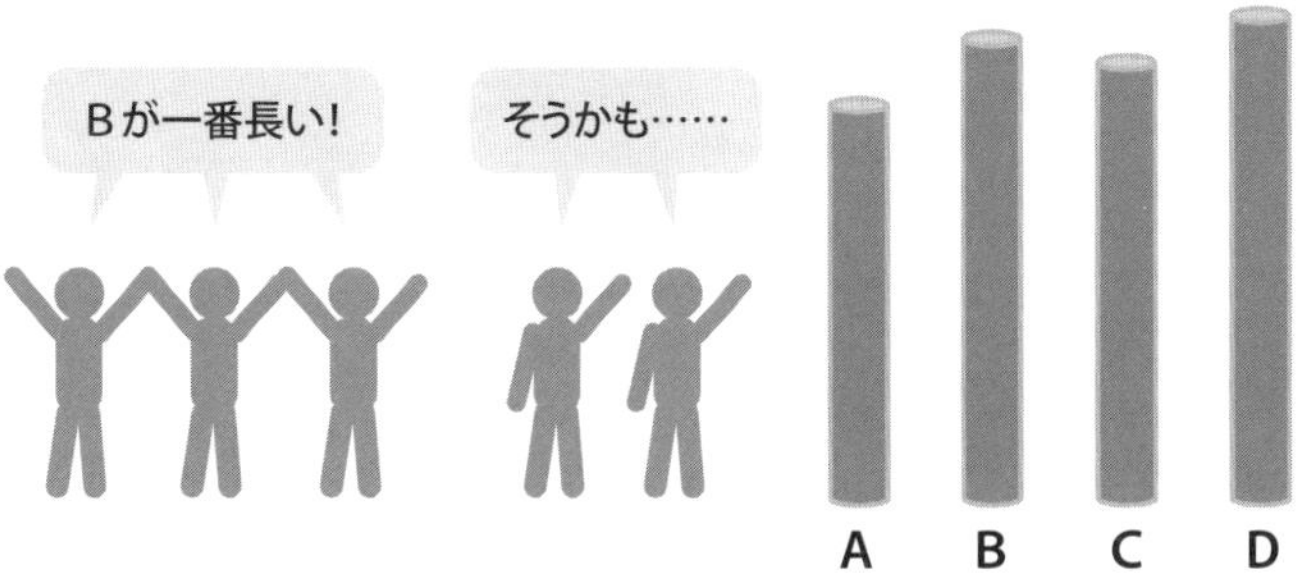

でいる場合は、周りの様子によって、身体症状がずいぶん異なってくる。アナウンスを聞いてもサクラが動じない場合は、全員が平気なのだが、ソワソワと落ち着かない行動をとるサクラが混じっていた場合は、アナウンスで報じられた通りに、本当に心拍数や血圧が上がってしまうのだ。

効いているのは、もちろん薬ではない。アナウンスされた内容を、周囲がどう「解釈」したかということに、なんと身体ごと同調してしまうのだ。集団という性質そのものが、どんなウソの情報であっても真実に変えてしまう要素を持っていることがわかる。

◉集団が「ありがちなウソ」をつくる

さらに、集団の持つ影響はそれだけにとどまらない。数人でうわさ話をすると、誰かが言い始めた情報が、極端に**ステレオタイプ（偏見）**に満ちた広がり方をするのだ。

あるアルコール依存症の男性について、**印象評価**をする実験がある。その際、彼の「だらしない」エピソードと、「キビキビ働いている」エピソードの二つが、情報として提示されている。「彼はどんな人か」といううわさをする場合に、その二つの相反するエピソードが、どのように集団内で語られ、男性の印象がつくられていくのかを観察するためである。結果、一人で印象評定をする場合は、その両方のエピソードについて同じくらいよく吟味され、「彼は普段は努力家だけど、お酒には呑まれるタイプ」といった中庸の判断がなされる。

しかし、集団で考える場合はそうならない。「だらしなさ」についてのエピソードのほうが圧倒的に数多く言及され、「キビキビ働いている」面についてはほとんど誰も口にしない。アルコール依存という病気に対する、もともとの偏見を正当化するような悪口ばかりが飛び交い、「自己中心的で、節度がない」といった、ありがちなうわさだけが広がるようになるのだ。

人は集まると、それだけで「とりあえず合意しよう」とする雰囲気になる。すると、たとえそれが偏見であるとわかっているつもりでも、誰もが納得するような判断に、無意識のうちに全員が偏りがちになるのだ。集団性が偏見を拡張してしまうことを、社会心理学では「**集団エゴイズム**」と呼んでいる。

一般的に、犯人の目撃情報などについて想起してもらうときも、集団で思い出させるとエラーを起こしやすくなる。正確な情報の数は、人数を増やしているのに、一向に増加しない。ステレオタイプで不正確な情報ばかりが増えていくのだ。

集団でエラーを起こさないようにするためには、大事な話題に関しては、いきなり集まってガヤガヤ話し合うのではなく、まずは一人ひとりで考えをまとめておく

一口メモ

スリーパー効果　一般に、情報の送り手の信憑性が高い場合、説得効果をもち、信憑性が低い場合にはその効果は薄い。しかし、送り手の信憑性が低い場合でも、時間の経過とともに送り手と情報が分離し、相対的に説得効果が高まる効果のことをいう。

ことが先決といえる。そのあと各々で持ち寄り、あらためて議論する。そうすれば、ありもしない情報が真実になったり、ありがちなステレオタイプに歪んでいくことは減るだろう。

◉時間が経つだけで、真実味が増す

うわさの発信源が、いかにウソっぽいゴシップ記事であったとしても、時間が経過すれば信頼性がいつのまにか上昇する。これは、眠っているだけでウソも真実になるという意味から、「**スリーパー効果**」と呼ばれている現象である。

人は、うわさの発信源については忘れやすく、うわさの面白さだけを記憶に残しがちなのである。うわさを耳にした当初は「ネットの書き込みだし、ただのうわさだろう」と、発信源の危うさを加味して判断するのだが、時間が経つとその部分だけが抜け落ち、うわさの内容だけが記憶に留まるのだ。うわさ話をいつの間にか信じてしまうという現象は、時間が経つほどに誰にでも起きる。それに拍車をかけて、集団という特性が、うわさをもっともらしい真実として定着させていくのだ。

実験08

自分の意見を通しやすいシチュエーションとは？

▼力説するより「スティンザー効果」を活用！

◉座り位置で、勝負は半分決まっている

小集団の生態を研究していた**スティンザー**は、座り位置と説得力の関係について検討している。その結果、次の三つのことが明らかにされている。

Ａ：会議では、以前論議を戦わせた相手が参加しているときは、誰でもその人間の正面に座る傾向がある

Ｂ：ある発言が終わった時、次に発言するのは、その意見の賛成者の場合よりも反対者である場合が多い

Ｃ：議長のリーダーシップが弱い場合は、会議の参加者は正面にいる人と話したがる。逆にリーダーシップが強い場合は隣の人と話したがる傾向がある

要するに、正面にいる相手には「反対」とはっきり切り出しやすいが、隣の人に反対意見を唱えるのは難しいということがいえる。たしかに、正面に座っている相手を説得するのは難しく、次は反対意見が出る雰囲気になる。しかし横から話しかけられると、あまり強く反対意見を言いづらくなる。これは、視線を合わせて話す

座る位置で説得力が異なる

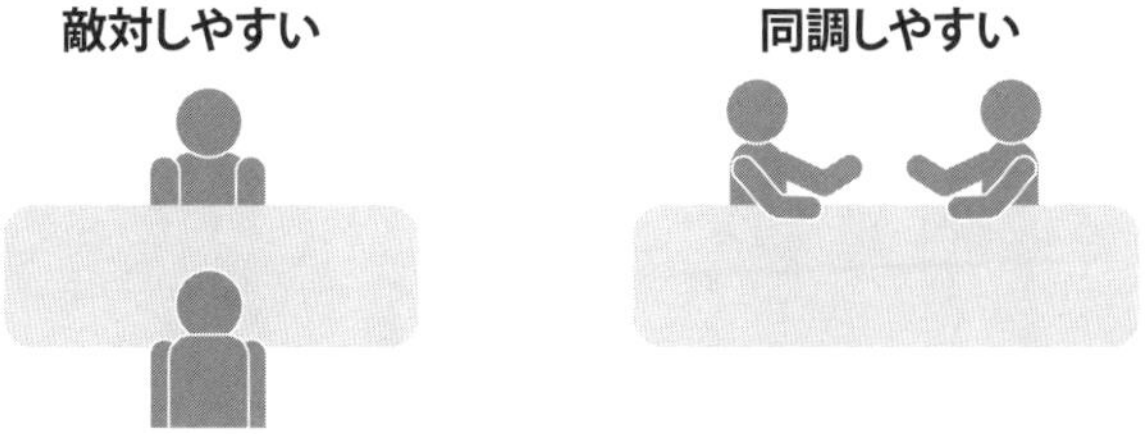

ことを強制されると、人は敵対しやすいが、視線を自由にできる隣同士だと、仲間関係になりやすいことをあらわしている。

キャッチセールスの人は、いつもスッと横に並んできて、横顔にむかって話しかけてくる。真正面から声をかけられたらハッキリ断られやすい、そのことを経験的に熟知しているのだろう。

この効果をうまく利用すれば、会議などで自分の意見を通りやすくすることができる。たとえば、あなたがどうしても「A」という意見を押したいときには、「B」の意見を持つ人を正面に座らせてはならない。ただでさえNOといわれやすい位置なのだから、それでは不利である。

できれば、強烈な賛同者、つまり「A」と思っている人とあらかじめ打合わせておき、その人に、正面の席に座ってもらう。そして、反対意見がでる暇がないくらい、間髪入れずに「Aだと思う」と、向かい合わせで賛成しあう。この効果は強烈である。かなりの確率で、Bという意見は切り出しにくいムードになる。

◉二つのことを断言すると、すごい人に見える

よく雑誌に掲載されている「**性格診断テスト**」や「**性格占い**」の分析結果。その文言を拾い上げて見ると、だいたい次のようなことが書いてある。

・あなたは弱みを持っているときでも、それを普段は我慢するところがあります
・あなたは外向的・社交的で愛想がよいときもありますが、その一方で内向的で用心深く遠慮がちなときもあります。
・あなたはロマンティストですが、普段はそれを隠し、人一倍クールを装う面があります。

米国の心理学者**フォアア**は、大学生たちに架空の**性格テスト**を実施し、そのテストに基づく「あなたの診断結果」と称して、上記のような文（断言調かつ二面性提示）を、アトランダムに配る実験をおこなっている。そして、学生たちに、「この分析がどれだけ当たっているか？」ということを、0（まったく異なる）から5（非常に正確）の段階でそれぞれに評価させた。その結果、平均点はなんと四・二六という高いものであったという。

一般的に、人は断定形の言葉を信じやすい。自分のことについて知りたい、誰かに**アイデンティティ**を認めて欲しいという本能的な欲求があるからだ。そして、とくに「あなたには、**内向性**と**外向性**の両方があります」というような、ディレンマや二面性を指摘されれば、たいてい誰もが、心の奥底まで完璧に言い当てられたような錯覚を感じるものである。心理学では、この現象を、実験者の名にちなんで「**フォアラー効果**」と呼んでいる。また、巧みな心理トリックで有名な奇術師バーナムの名をとって、「**バーナム効果**」と呼ばれることもある。

一口メモ

ランチョン・テクニック　食事中に提示された意見は、食事中に提示されなかった意見と比較して厚意的に受け取られる現象。米国の心理学者グレゴリー・ラズランが、食事の快楽とその時の記憶の関連性を研究し、提唱したもの。

◉食べながら反論するのは難しい

人は一緒に食事をしながら話をすると、相手に対して好意を持ちやすい。それは、単に盛り上がって楽しいから、というだけではない。その真の効果は、「食事中は、相手の話を信じやすくなる」という現象であろう。この効果を用いた手法を「**ランチョン・テクニック**」と呼ぶ。

米国の実験で、次のようなものがある。実験参加者に、ピーナッツやチューインガムを口にしながら、論文を読ませる。すると、「ガンの治療法が発見されるには、あと数百年以上かかる」「月への一般人の旅行は、数か月以内には実現する」といった、かなり根拠の薄い話にも、多くの人が高い信憑性を感じたという。一方で、口の中が空っぽで読んでいる人たちは、こうした論文に対して、「これ本当なの？」と疑念を抱いたという。

人は何かを食べている時は、簡単に説得されやすく、しかも騙されやすい状態になる。その理由としては諸説考えられるが、一つは、口を動かしているときは、歯や舌や喉の感触に注意が向かうため、頭の中の緊張感や批判力が抑制されてしまう、ということがあげられる。そしてもう一つは、口の中にものが入っていると、発言や反論そのものが思うようにできず、「まあ、今はいいだろう」という油断を導きやすいから、とも考えられる。

Column

モチベーションには「外発－内発」軸しかないのか？

第３章では、古くから重要性が強調されている「内発的モチベーション」について紹介した。しかし市川は、①人はいきなり内発的にはなりにくく、はじめは賞罰で外発的に取り組んでいるうちに内発にシフトすることもある、②人間が学習をするときには「外発－内発」というだけの単軸でなく、もっと多様で複雑なモチベーションがあるはずである、と主張した。そして「重要性」「功利性」の２要因に分類できる６つのモチベーションを展開し、自ら「二要因モデル」と名づけている。

学習動機の二要因モデル

出典『学ぶ意欲の心理学』
市川伸一著PHP研究所P48より

学習内容の重要性：大（重視）↕小（軽視）

充実指向 学習自体がたのしい	**訓練指向** 知力をきたえるため	**実用指向** 仕事や生活に活かす
関係指向 他者につられて	**自尊指向** プライドや競争心から	**報酬指向** 報酬を得る手段として

小（軽視）←→大（重視）
学習の功利性

たしかに、いきなり学習の「充実感・楽しさ」が感じられない場合は、学習内容の「実用性」を示したり、本人の「自尊心」をゆさぶったり、友人や同僚との「関係性」を強調したりして、そこからしだいに内発的モチベーションに導入していくのは、うまくいけば有効な方法であろう。

第4章

「観察」で見抜く心理学

第4章のOUTLINE

人を長期間観察し言語や行動を一般化する心理学

これまで述べてきた、「現象の真意の検証」「心理実験・心理調査」は、ある意味「短期戦」の研究手法だといえる。なぜなら、その場で、もしくは数日以内に結論が明らかになるからだ。

しかし、心理学の手法はそれだけではない。ある特定の人を長期間観察したり、調査したりすることで、明確になってくることもたくさんある。特に乳幼児の発達などに関しては、長期間観察しなければわからないことのほうが多い。また、たくさんの患者を長年診てきたセラピストしか気づかないこともあるだろう。

「現象の真意の検証」「心理実験・心理調査」の二つの研究手法は、集団に対して同時に（輪切りに）実験調査を実施し、集団間の比較を一度に行なうことから、

「横断的研究法（cross-sectional study）」と呼ばれることがある。

これに対して、観察で見抜く心理学とは、ある特定の個人を継続的に観察・記録することで、ものごとの真偽を確定しようとする研究法である。時間をかけて縦軸に沿って対象を追っていくことから、「縦断的研究法（longitudinal study）」と呼ばれることがある。

この研究法の面白さは、「時間というものが、いかに人間の心理を変えていくか」という点にある。そして、「どうしても取り払うことができない変化や規則、傾向というものを、誰もが背負って生きている」ということを実感させられる。

本章では、それらの中でもとくに代表的な縦断的研究法を集め、紹介していこうと思う。

「ひらめき」はどうやって起きるのか？

▼「洞察」のメカニズム

◉すでにあるものをつなぎ合わせる

私たちはそれまでよく知っていたはずの、つまり、すでに記憶していたはずの事柄を、ある瞬間に突然強い**納得感**を伴って理解することがある。「あっそうだ！」とひらめくような経験をすることがある。この現象を、記憶心理学では**洞察**（insight）と呼んでいる。

このような経験を通しての学習は、それまで知ってはいたが情報と情報との間に何の「**関連性**」も見出せなかったことに、新たな関連性を見抜くことによるものと考えられる。**ケーラー**は、チンパンジーの生態を観察しているうちに、これと類似した学習が見られることを報告している。ケーラーは、チンパンジーが二本の葦の茎をつなぎ合わせて、手の届かない遠い位置に置かれたバナナを取るという行動を生まれて初めて行ない、その要領を身につけた様子を記録している。

最初のうちは、チンパンジーは檻の外のバナナを取ろうと、ひとしきり手や一本の葦を伸ばしていたが、結局届かずに、あきらめて長い間ほかのことをしていた。

一口メモ

洞察　問題解決の際に、試行錯誤的に解決手段を探していくのではなく、すでにあった情報を関連・統合させて一気に解決の見通しを立てること。洞察によって学習された行動は、他の同様な課題に対しても適用される。

そして、二本の葦で遊んでいるうちに偶然細い茎を太い茎に差し込むと、それまで背をむけていたバナナのほうへ一目散に飛んでいき、それをうまく手元に引き寄せたのである。

チンパンジーの頭の中では、自由に遊んでいる間に、「あっそうだ！」という洞察が起き、一本の葦では届かなかった距離と、継ぎ合わせた葦の関連性を見抜いたのであろう。そして、この一回の**成功経験**によって、チンパンジーはその要領をすっかり自分の知識として定着させ、道具を組み合わせて遠くの物を引き寄せることを身につけたのである。これは「洞察」、言い換えれば「**ひらめき**」の典型例であるといえるだろう。

◉クリエイティブなことが起きるとき

洞察は私たち人間の学習にとっても、当然ながら重要な役割を果たしている。既有知識の保持のされ方について研究した**ローラー**は、彼自身の娘であるミリアムという女の子が、足し算を身に着けていくプロセスの中で、この洞察がとても重要な役割を果たしていることを示している。ミリアムは当時六歳三か月であったが、次のような足し算の能力を持っていた。

1　一桁同士の足し算
2　指を使って数え上げることによる、二桁同士の足し算

3　10を単位とする足し算。たとえば、55＋22を、50＋20と、5＋2に分けて足すこと

この段階でミリアムが直面していた問題は、一の位から十の位への繰り上がりが理解できない、というものであった。ミリアムは、たとえば55＋26という計算を、10を単位とする計算と数え上げを併用して行なうこと（まず55＋20は75、その次は76、77、……81と数える）ことを筆算で行なうことができなかったのである。これは、ミリアムに限らず、多くの小学生がつまずくといわれている問題である。

さて、次に示す会話記録は、ミリアムが父親と交わしたものである。

父：ミリアム、いつも指を使って数えていた頃のことを憶えている？　7＋2はどうやってた？

ミリアム：9。

父：答えを知ってることはわかってるよ。でも、それを知る前にどうやっていたか言える？

ミリアム：（指を折りながら）7、8、9。

父：もっと前の、去年のことを思い出して。

ミリアム：（両手を広げ右手の中指だけを曲げ7と2を指で示し、9まで数え上げる）でも、もうそんなことはしないわ。もっと難しい問題を出してよ。

父：37＋12。

一口メモ

ヴォルフガング・ケーラー（Wolfgang Kohler　1887～1967）ドイツ出身（その後米国へ渡る）の心理学者。類人猿の問題解決行動が「試行錯誤」の結果としての偶然的な解決ではなく、「洞察」に基づく行動であることを強調した。

ミリアム：（驚いた顔をして）それは、49。

このときにミリアムに生じた変化はどのようなものだったのだろうか。ローラーは、以下のように説明している。

「彼女は、すでに10を単位とした足し算の方法と、数え上げによる足し算の両方を理解し、使うことができていた。しかしこの時までは二つの方法が足し算という計算の異なるアプローチであるという理解はなかったようである。解く問題によってこれらのどちらかの方法が呼び出されて使われてはいたが、相互の関連はつかず、むしろ一方の方法を使うことが他方を抑制していたと考えられる。ところが父親とのやりとりによって、二つの足し算の方法がミリアムの意識に同時にのぼり、その瞬間にミリアムは両者の関係を、すなわち、どちらの方法もやり方は異なるが同じ意味を持っており、それらを組み合わせて使えることを見抜いたのである。ひらめきが起きたのだ」

洞察やひらめきは、空っぽの頭の中からポンとわいて出てくるものではない。すでに持っている知識同士の関連性が、誰かからの**サジェスチョン**によってつかめたとき、重大なことに突然気がつき、「あっ！」と認識することになる。認知心理学の研究では、クリエイティブな人は、まず何よりも知識をたくさん持っており、常にその知識を人にアウトプットし、自分の知識との関連性を探す傾向にあるといわれている。

観察02

「そういえば……」はどう頭をよぎるのか

▼「想起サイクル」はどこまでも続く

◉強制想起はまるで問題解決

第2章では、複数の人々で話をするときに「ウソの記憶がつくられる」という、**構成的想起**について説明した。**ウイリアムズ**らは集団ではなく個人に焦点を当て、どうしても思い出せないことを無理に思い出すときに、人は構成的想起というよりも、まるで「**問題解決**（problem solving）」と同じようなプロセスをたどっていることを、観察によって示唆している。

彼らは、高校を卒業して四年から一九年も経過している被験者に、高校時代のクラスメイトの名前を思い出すように半ば強制的に求め、その様子について観察した。その際同時に、思い出そうとしているときに頭に浮かんだ事柄を、すべて口頭で報告するように求めた。これは心理学の観察手法でよく用いられる方法で、自分の考えをすべて実況中継することから、「**発声思考法**（think aloud）」と呼ばれている。

被験者は、四時間から一〇時間にもかけて九〇～二〇〇人ほどのクラスメイトの名前を正しく思い出した。しかしウイリアムズらは、何人思い出したかということ

一口メモ

想起　保持されていた記憶が、ある期間の後に外に現われること。記憶が保持されていることは、それが想起されて初めて確認される。記憶の過程には銘記、保持、想起の３段階があり、その３段階目。

ではなく、「どのようにして思い出そうとしているのか」という被験者の言語報告を中心に分析を行なっている。

その結果、想起のされ方が人間の**問題解決**の手順に酷似していることが明らかになった。認知心理学でいう問題解決とは、「**文脈の設定**」「**探索**」「**確認**」という三段階が組み合わさって行なわれる営みのことを指す。つまり、まずは問題点をはっきりさせ、次に問題の条件に関わる情報を探し、最後に得られた解の整合性を自己評価する、という手順である。ウイリアムズによると、人は何かを思い出すときも、これと同じ手順を踏んでいるというのだ。

まず「文脈の設定」とは、たとえば「フォークソングのボーカルが歌っていたときのことを思い出してみよう」というように、想起のための文脈を定めることである。被験者はみな、このような過程をつくることで、高校時代のクラスメイトに関する手がかりをより豊富にしていることがわかった。

次の「探索」とは、設定された想起の文脈のもとで想起の対象を探索する過程である。「あの曲を聴いていたとき、周りに誰がいたかな」という具合である。

最後の「確認」とは、探索の結果想起された内容が、実際に当初想起の目的としていた事柄であるかを確認する過程である。頭をよぎった人物名が、本当に高校時代のクラスメイトであったかを確認する作業である。これら三段階の過程が、問題解決とほぼ同じメカニズムであると、ウイリアムズらは見抜いたのである。

◉思い出し始めたら止まらない

さらに、ウイリアムズらは、問題解決の過程と同様に、この文脈の設定、探索、確認、という過程はつねに直線的にこの順序で生起して想起がなされるわけではなく、**「再帰的**（recursive）」に行なわれていることを示した。つまり、三つの段階のそれぞれ詳細を見てみると、それぞれの段階の中にまた、文脈の設定、探索、確認という下位過程がツリー状に埋めこまれているということである。

たとえば、「フォークソングのボーカルが歌っていたとき」にいた人物を想起するために、新たな文脈を設定し、そのもとで探索を行なう必要があるという。「あれは文化祭で講堂に集まっていたとき」というように、新たな条件をどんどん付加しては設定を広げ、そのもとでまた探索や確認を行なう様子が、どの被験者からも観察されたのである。

このようなメカニズムが発生するために、多くの人は「そういえば…」とひとたび想起を始めれば、それはとどまることを知らない。ウイリアムズらはクラスメイトの名前を十分に思い出した被験者に、「もういいですよ」とストップをかけても、その人物についてさらなる想起を続ける場合が多いことを見出し、その現象を**オーバーシュート現象**と呼んだ。

また、教育カリキュラムについて研究している**松本文隆**らは文章記憶に関する調査から、想起の問題解決的な側面を明らかにしている。彼らは被験者に二〇〇〇字

一口メモ

問題解決　従来の方法では、すぐには目標に到達できないような場面に置かれた際、新しいやり方、新しい考え方をつくり出して目標に到達する方法を見つけること。

程度の長さの文章を読ませ、三週間後に文章の内容に関する質問に答えさせ、その様子を記録している。その際、ウイリアムズらと同じ発声思考法によって、被験者が質問の答えを思い出す際に、頭に浮かんだことを実況するように求めた。

その結果、彼らは、被験者が質問に直ちに答えられない場合に採用する、独特の探索方法を見出している。たとえば、「彼はまず起きて、その後…」というように登場人物の行動を時系列順にたどったり、「青い空が広がっていた、というくだりがあったな」などと、具体的情景を創造しそのイメージ内だけを探索したりする傾向が見られた。この詳細な観察によって、ウイリアムズらのいう、文脈の設定、探索、確認という三段階の「**想起サイクル**」をどのような形で具体化しているかが、より鮮明になったといえる。

タルヴィングによれば、想起とは「後づけ的」、つまり構成的想起がほとんどであるが、頭の中の図書館に貯蔵された本をむやみに取り出す過程とは異なっている。人は押しなべて、昔のことを思い出すことに積極的な側面があるが、「何を思い出すべきか」は自分で決めたいと思っている。しかし、試験や実験のように他者から強引に想起を促された場合や、思い出す意欲が低いときは、まるで問題解決や謎解きをするような想起をしているのだ。

観察03

偽りの記憶が生まれるのはどういうときか？

▼「強制想起」は自分をも欺く

前項で、人はものを思い出すときに問題解決をするときのような過程を経ていることを説明したが、この行為自体が、例の「**偽りの記憶**」の数を増やしてしまう現象も観察されている。それは、強制的に、しかも繰り返し思い出させられるような場合である。

しかしそれとは裏腹に、人は繰り返し想起するほどに、「絶対に間違いない」という確信を自分の中でどんどん強めてしまう。だから、初めの想起の時点から時間が経過すると、正しい情報も間違えた情報も、どちらも頭の中で真実となってしまうのだ。しかし実際には、「あ、そういえば」と、後になって「思い出させられ」て追加された記憶内容は、事実と異なっていることが少なくない。

◉強制的に思い出させると「偽りの記憶」が増える

先述した**ウイリアムズ**らの観察では、このことが明確に示されている。高校を卒業した被験者に、同級生の名前を思い出してもらう実験である。

同級生の名前を思い出す実験

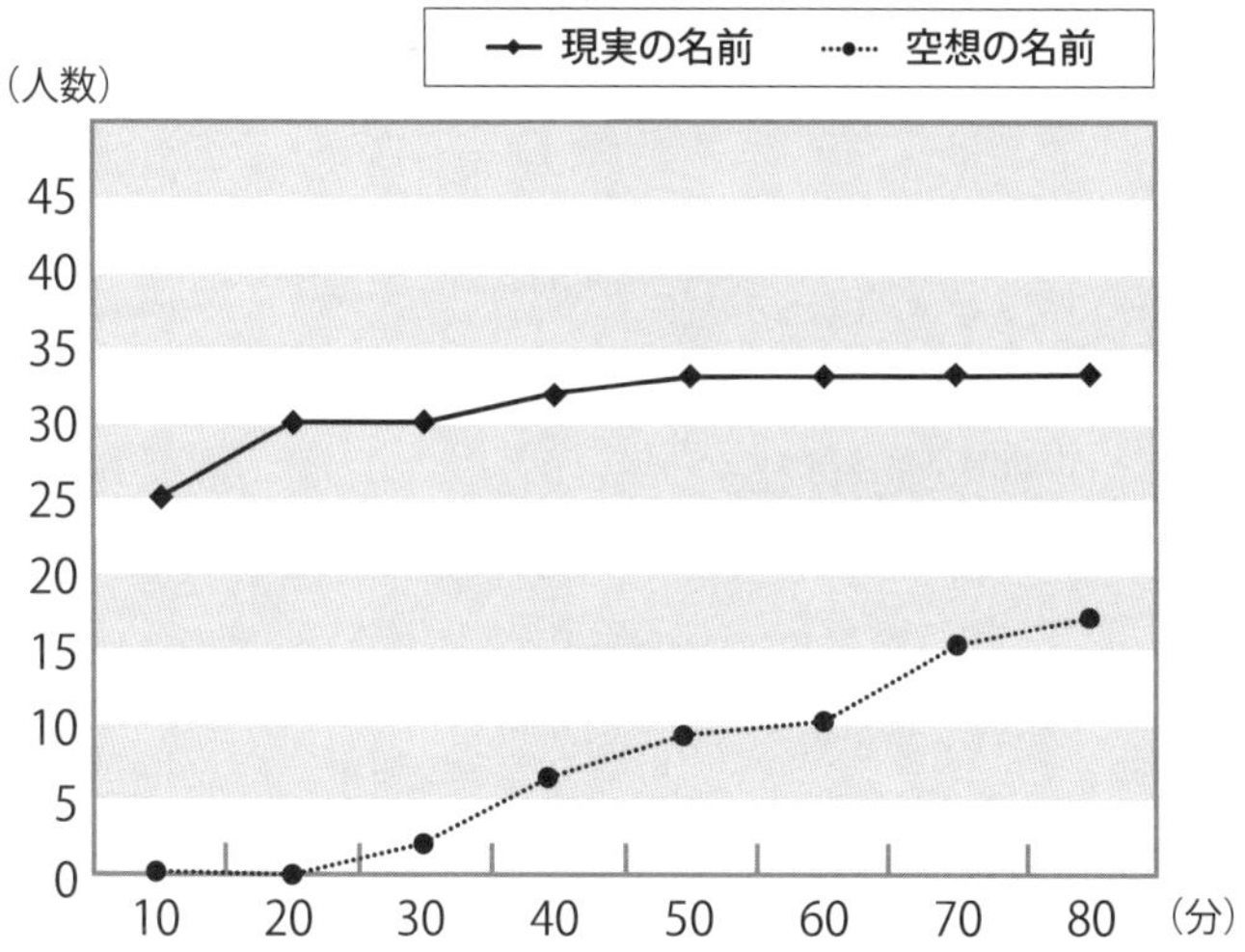

その実験では、「同級生のフルネームを、なるべくたくさん思い出してください」という課題を与えるのだが、一回のトライアルだけでなく、被験者に「もっとがんばって、もっと思い出せるはずです」と促し、半ば強制的に、どんどん名前を追加させるのだ。何度も繰り返し、同級生のことを思い出すように仕向けている。

すると、上のグラフのような結果になることが判明した。これを見ると、無理強いとはいえ頑張って想起するほど、たしかに「実在の名前」、つまり正解数は、少しずつであるが増えていることがわかる。

しかし注目すべき点は、「空想の名前」、つまりいなかったはずの名前を口にし始める被験者が急増し、「偽りの記憶」がつくられてしまう率のほうが、より急激に増えていることである。

◉一回目が一番正確？

これと類似した実験は日本でも行なわれているが、

事件の目撃情報調査

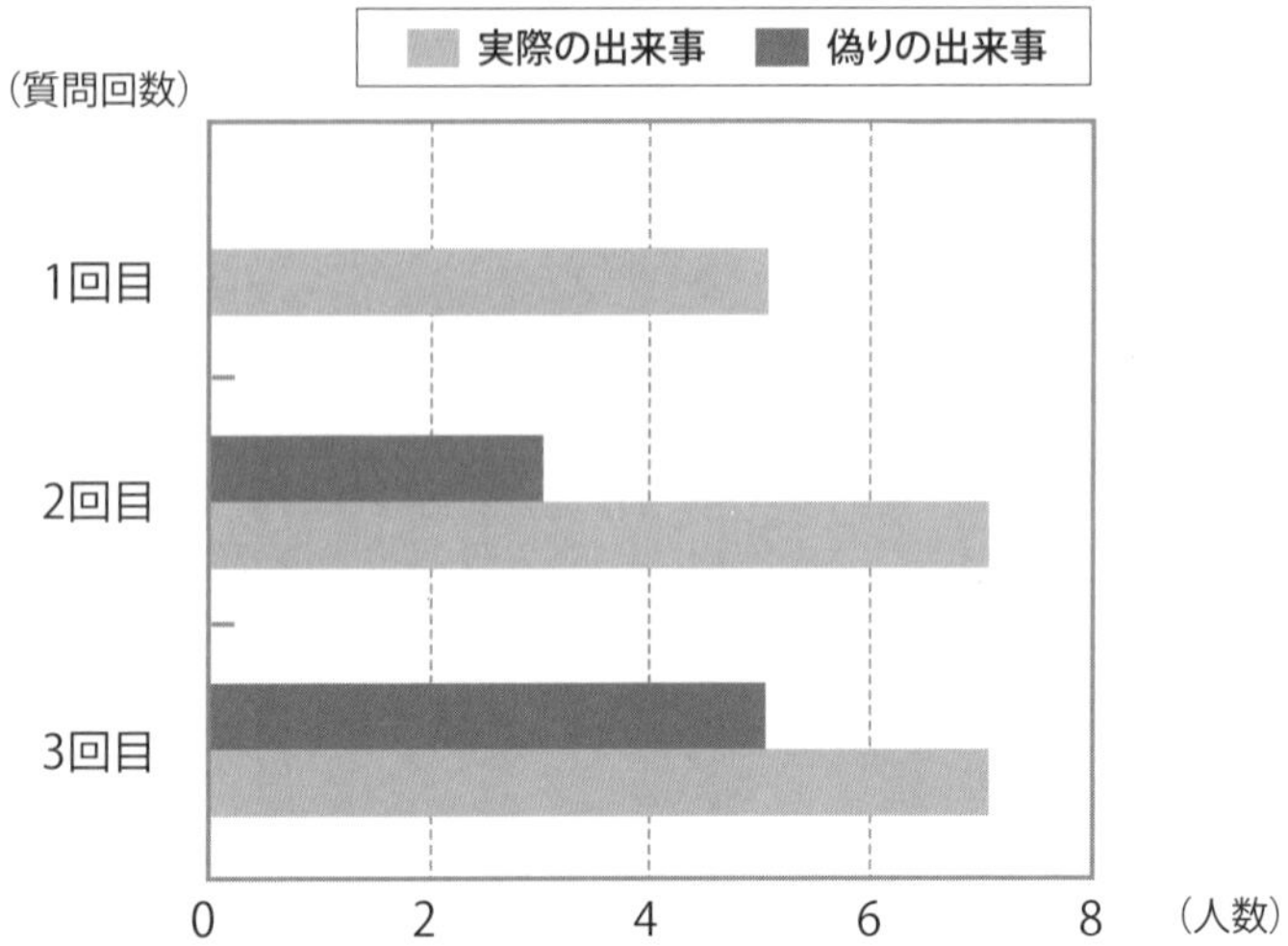

やはり、繰り返し思い出すことは、偽りの記憶を導きやすくする結果になっている。

興味深いことは、一回目での想起では、そのような現象はまったく観察されないということだ。事件の目撃情報を対象とした調査でも、偽りの記憶が増加するのは、二回目、三回目と事情聴取を繰り返すことによって起きるという報告がされている。

上のグラフを見てもわかるように、一回目の想起数は量的には多くないが、少なくとも偽りの出来事がつくり出されることはない。

したがって、たとえばあなたが面接官だとして、受験者の採否を決定する場面などでは、「どんな人だったか」「どんなことをいっていたか」ということを、時間をかけて、何度も何度も想起することは心理学的には危険なことである。

自分の記憶の中にある情報をウロウロ探索するだけで、何度も思い出そうと躍起になると、偽りの記憶がつくられてしまう確率が格段に高まってしまう

一口メモ

エピソード記憶　時間、場所、状況、感情などがはっきりしているような１回限りの具体的な体験についての記憶。これに対して、一般的な知識や言葉の意味などは、さまざまな経験を積み重ねてできた記憶で、これは「意味記憶」といわれる。

のだ。

◉人を見抜くには、情報更新が必須

うまく想起できない場合は、その相手ともう一度実際に会うか、電話などで話をして、「現実の情報」を更新し、知識を増やしたほうがエラーは確実に少なくなる。これは、たとえばお見合いや合コンといった、男女の出会いの場に関しても同じことがいえるだろう。

さらに、繰り返し想起する場合でなくても、単に時間が経過するだけで、記憶は歪んでいくという説もある。なぜなら、「会ったときに自分自身はどう感じたのか」という「感覚的」な記憶は、時間が経つと変わってしまうものだからだ。

つまり、相手サイドに関する情報が歪むだけでなく、「自分自身はそのときどう感じたのか」という自分サイドに関する記憶も時間が経つとおぼろげになってしまう。「胸が熱くなった」「ウマが合わない」などという**直感的**な記憶は、一か月後にはまったく違うものに変わっていたり、忘れてしまっていたりすることが観察されている。

観察04

セクハラをしやすいのはどんなタイプ？

▼権限の本質と「ステレオタイプ」

◉面接官と受験者の微妙な関係

アメリカでは、「架空の面接場面」を設け、面接官と受験者がどのような会話をするのかを観察する研究が盛んである。

この研究でよく注目されるのが、「面接官にどの程度の権限（＝採否の決定権）が与えられているのか」という点である。このことが、面接の様子をかなり左右するのである。

たとえば、採用の決定権を一手に引き受けているような状況のとき、面接官は相手に対して**ステレオタイプ**に頼った判断をしやすくなるという。これを実証した研究の一つに、「セクハラ的な質問は、どのように起きるのか？」ということを調査したものがある。

観察する点は、女性の採用志願者に「面接官役」の男性がどんな質問をしていくのかを記録する、というシンプルなものである。

その際、面接官役に選ばれた男性陣のうち、三分の一の人たちには「あなたの評

一口メモ

ステレオタイプ　もともと根拠が薄弱な観念をパターン的かつ判で押したように共有されている状態。そのような観念がある範囲で広く、大勢の人に共有されていること。

価が、彼女の採否に決定的に関わります」と告げておき（権限高群）、もう三分の一には、「あなたの評価は、彼女の採否には直接は関わりませんが、一応参考にはします」という具合に伝えている（権限低群）。

そして、ここが独創的な点なのだが、残りの三分の一の男性陣には、決定権については なにも触れないが、「広告視聴のモニターのためです」と偽り、なんと面接前にアダルトビデオを鑑賞させている（ビデオ鑑賞群）。それは、この後に会う女性を、性的対象として見る態度を喚起するためである。そして面接の様子を観察した結果、「自分の権限が高い」と信じている面接者は、そうでない面接者に比べて、

- 女性志願者に必要以上に接近する
- 顔ではなく身体を見つめる
- セクハラにあたるような質問をする

といった言動が多かったのである。これと同じ傾向は、（当然というべきか）、ビデオ鑑賞群にも見られた。

この研究のセンセーショナルな点は、アダルトビデオ群が思わずセクハラ的な言動をしてしまったのはある意味、理にかなっている（？）としても、性的側面とは無関係と考えられる「権限」というファクターが、これと同じような効果をもたらしていることである。

一般に人間は、権限を強く与えられると、自分の持つ信念や意見を過信するよう

になる。そういう状況下においては、ステレオタイプ（この場合は「女性は性的対象である」というステレオタイプ）にもとづく判断に、とても正当性があるように思い込んでしまうのだろう。

◉人が人を見誤るとき

面接場面での権限効果について、さらに詳しく調べた研究もある。それは、面接者の権限の強さを、上司からの言葉がけによって微調節し、それによって面接態度がどのように変わるかという実験である。言葉がけの例は次の通りである。

- 「もう実は、相手の採否は決まっている」……権限０％
- 「一応面接してもらうけど、採否にはあまり関係ない」……権限10％
- 「面接が採否に関わるかどうか、まだわからない」……権限50％
- 「面接は採否にかなり影響するが、最終判断ではない」……権限70％
- 「この面接によって、採否が完全に決定する」……権限１００％

実験の結果、採否の権限が完全に委ねられている面接官は、先ほどのセクハラ実験と同様に、「こういうタイプはこんな人」という、ステレオタイプ的判断が強く見られた。

やはり、あまりにも権限が強いと、それだけで自分はすごく正しいような気分になり、偏見的態度に気づきにくくなる。

面接官の権限と態度の関係は？

一方、権限があまりに弱すぎても駄目である。なぜなら、今度は正しく相手を見ようという**モチベーション**自体が低くなるからである。人間は、無関心すぎる相手に対しては、「まあ、いい人だろう」と安易にポジティブになる傾向がある。いちいち**クリティカル**に判定するのが面倒くさくなると、**ポジティブバイアス**（善と思い込む偏見）が働きやすくなるのだ。結果的に、もっとも相手を長く吟味し、正しい判断をしようとした面接官は、七〇％程度の権限を与えられた人々であった。

まとめると、基本的には自分に裁量権が任されているが、三〇％くらいは他の人にも権限がある、後で支えてもらえるという状態のとき、人はもっとも正確に相手を見抜くことができる。

決めるのは全部自分、もしくは、決めるのは全部他人……、そう思っているとき、人は人を見誤りやすくなるのだ。

観察05

高学歴の人は仕事ができる？ できない？

▼「学歴ステレオタイプ」は人間性にまで影響する

◉学歴と仕事力は無関係か？

近年の採用面接では、偏見防止のために学歴を伏せて行なう方式が増えているようだ。学歴に騙されたくないという危機感が、その背景にあるのだろう。しかし、あくまでも確率論的に考えてみれば、青少年期に相応の努力をして受験に成功し、卒業というゴールまでたどり着けた人間は、やはり多くの場合、**気質**的に努力家である「確率」は低くないはずである。

実際に、高学歴の人が入社後にどのような振る舞いをするかを追った観察によると、「仕事を覚える速さ」「失敗後の粘り強さ」「長時間かかる仕事への集中時間」といった要素と学歴の間には、高い相関関係があることが見出されている。

しかし、第2章で触れた「美人は三日で飽きる」のメカニズムと同じで、高学歴の相手にはこちら側の期待値がもともと高い分、彼らのちょっとした失敗は、いきなり周囲を幻滅させることが多い。つまり、高学歴であることが必ずしも得なわけではなく、社会に出てむしろ損をしている場合もあるということだ。

一口メモ

パーソナリティ　個人の持つ遺伝的素質ないし生理的特質のことを気質といい、その気質からつくられる行動や意欲の傾向を性格という。これらの気質や性格などを含む総体として、パーソナリティという語が使われる。

したがって、相手のことを知ろうとするときに、学歴について一応知っておくということは大切なことではないだろうか。面接採用であっても、お見合いであっても、少なくともその人の「仕事の能力」を推測する上においては、ただの偏見ではなく、有用な情報となることもある。「学歴は関係ない」と無視してしまうのは、相手に関する重要な情報を自ら減らしているだけであり、確率的には損をしている。

◉学歴に関するより深刻な偏見とは？

仕事の能力よりも、実は学歴に関する**ステレオタイプ**で最も深刻な問題となるのは、彼らの「**性格**」についての偏見である。ある観察研究では、ＶＴＲに写された男性を被験者に長時間観察してもらい、彼の**パーソナリティ**について推測させている。半数の被験者には、「彼は○○大学の博士課程を修了して…」といった紹介をしておき、残りの半数にはそのような情報は与えない。両群とも、見せられるのは同じＶＴＲである。若い男性が、誰かと談笑しているのだが、彼はほとんど喋らずに相手の話に微笑むだけ、という退屈なシーンが続く。

視聴後、高学歴と告げられたほうの群の六〇％もの人が、彼の性格を「シャイ、恥ずかしがり屋」と推測し、しだいに「思慮深くて冷静そう」というポ**ジティブ**な判断へと向かう人が多かった。一方、学歴についてなにも聞かされていない人たちは、「何も喋らなくてつまらない」「態度が大きい」と七五％もの人が**ネガティブ**な感想を述べ、「にやけていて、ふてぶてしい性格」という印象にシフトしていった。

両群とも同じ男性を見ているはずなのに、正反対の評価になることがわかる。「高学歴」というキーワードだけで、黙っている姿がいかにも賢そうで、控えめな人間性を表わしているように見えてしまう。もちろん実際は、そうとは限らないだろう。ふてぶてしく黙っている高学歴者や、シャイで喋らない非高学歴者も少なくない気もする。しかし「寡黙なインテリ」は、不当に評価が跳ね上がるのだ。

◉学歴ステレオタイプを回避するには？

一般に、目の前にいる人に対して特に関心を持てない状況では、「別にどうでもいい」という意識が働くため、吟味するような面倒なことは避け、ステレオタイプ判断を選択しがちになる。「黙った男」のＶＴＲを視聴した被験者は、まさにこれにあてはまるだろう。

さらに、相手に強い関心を持っていたとしても、それがあまりに「プライベートな損得」に関わり過ぎる場合は、今度はできるだけ「安全パイ」を選んでおきたいという臆病風にふかれ、ここでもまた、ステレオタイプに頼ってしまう。たとえば、チームで大金の賭けをするときのパートナー選びや、女性が結婚対象として相手を選ぶときには、学歴に妙にこだわる面があるが、それらはこれに当てはまるだろう。学歴の威力は強い。

学歴ステレオタイプはなぜ起きる？

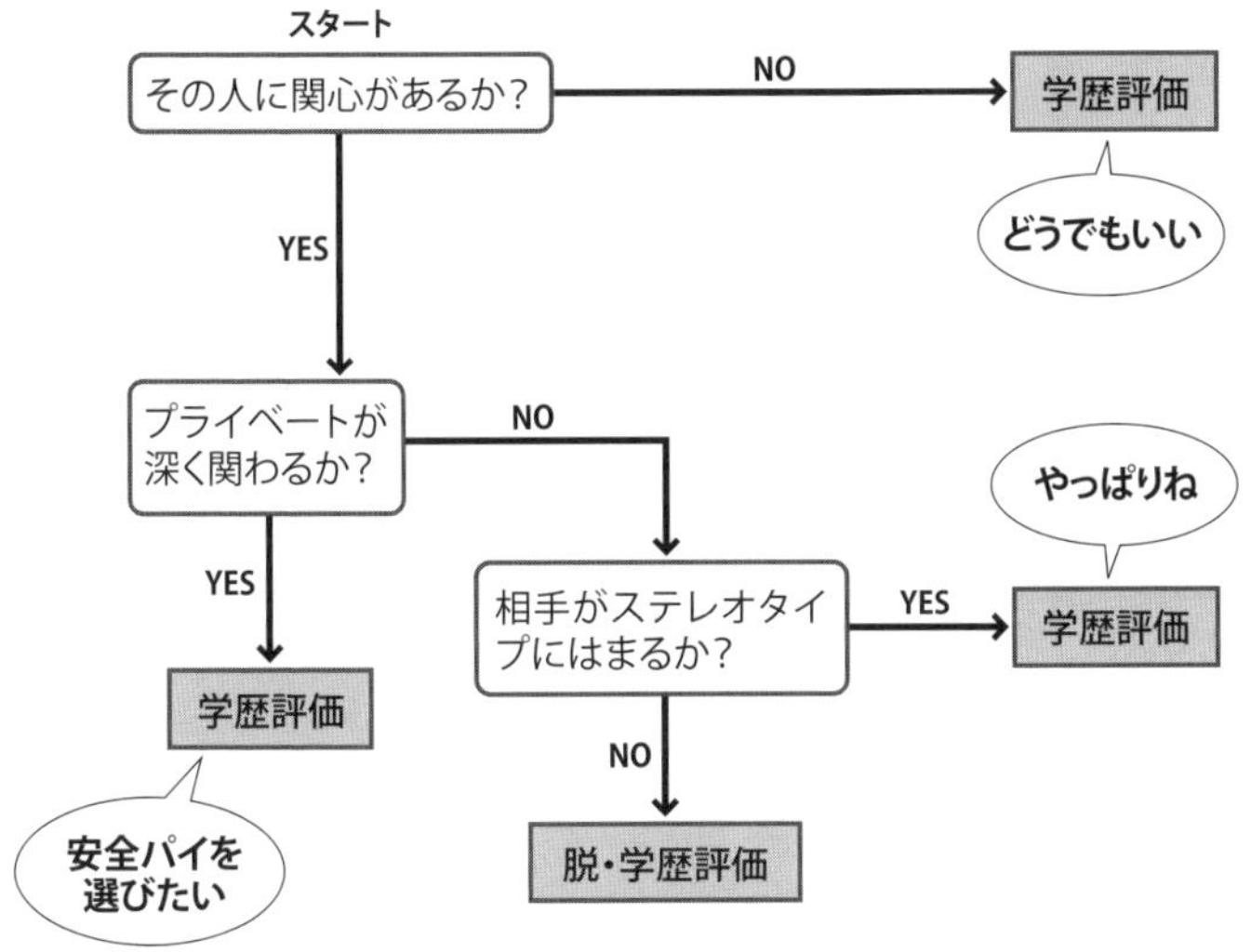

ということは、「関心はきちんと持つが、自分のプライベートにまで響くわけではない」という、微妙なバランスが維持されているときが、相手を見抜くときに最も厳正に、客観視できる状況ということになる。

また、ある研究では、学歴ステレオタイプから脱するには、相手がかなりステレオタイプから外れた、意外な行動を見せなければならないとの報告がある。たとえば、高学歴な人が芸能ゴシップをペラペラ喋る、学歴は高くないにも関わらず宗教対立問題について語る……、というようなギャップが強い相手であれば、「あれ、この人はどんな人なのだろう？」と鋭く吟味するようになるが、そうでもない限り、どうしてもステレオタイプ的な判断のほうが勝ってしまうのだ。

学歴と仕事力を結びつけるのはある程度ロジカルであるが、学歴から性格を推測するのは論理的といえない。

観察 06

「一を聞いて十を知る人」の思考パターンとは？

▼「アナロジー」をフルに活用する

◉「ということは……」と考える本能

英語を学んだことのある人は、まったく学んだことのない人に比べると、将来フランス語やドイツ語を学ぶときに、勉強の仕方を早く理解することができる。それは、英語のS＋V＋Oといった語形や、日本語とは違う文法や言い回しなどを、フランス語などにも当てはめながら類推することができるからだろう。

人間の学習は、真っ白なボードに書き込むように、毎回新しい情報を頭にインプットしているわけではない。すでにいろいろと書き込まれた過去の知識（心理学では「**既有知識**」と呼ぶ）に結びつけながら、それに新しいことを関連付けてリンクを貼っていく。知識量を豊富にするためには、新しい情報を丸暗記するのではなく、既有知識との関連性を理解することが重要である。このように、新しい場面や問題に対して、よく知っている知識を積極的に利用することを、教育心理学では「**転移学習**（transfer learning）」や「**アナロジー**」と呼んでいる。

アナロジーとは、「AとBの間に成立する関係は、CとDの間の関係にも成立す

一口メモ

岩男卓実（いわお　たくみ　1968～）　認知心理学者。思考や意思決定が主なテーマ。帰納推論と呼ばれる思考のモード、類推の教育的支援などについて研究している。

る」というように、AとBの関係がCとDの関係に似ているとみなす心の働きである。**岩男卓実**は例として、「カラスにはビタミンKという物質を作り出す機能がある」という偽情報を、「ということは、ハトにもビタミンKは備わっているだろう」と多くの人が**類推**することを示している。このようなアナロジーの力を頻繁に発揮する人は、学業成績や課題をこなす能力が高いことが明らかにされている。

◉クリエイティブな人はどこを見ているか

一般的に新機軸といえば、あたかも「無」の状態から「有」を生み出すような**クリエーション**を思い浮かべがちである。しかし現実的には、そんなことはほぼあり得ない。「発明」にまつわる研究によると、近年なされてきたほとんどすべての発明は、すでに昔から存在しているなんらかのアイデアを機軸とし、角度を変えた新たな「有」を、洗練した形で紡ぎ出していることがわかる。たとえば、物理学者ラザフォードは、太陽のまわりを惑星がまわる「太陽系の構造」から、原子核のまわりを電子がまわっているという「原子の構造」に思いをはせている。これはまさにアナロジーの力をうまく活用した発見であろう。

ただ、いくらアナロジーが重要とはいえ、表面的な部分だけを見て他を類推しても、ラザフォードのようなすぐれた発見には至らないだろう。認知心理学者の**ジックら**の観察によると、新しいことを生み出すには、とにかく「抽象度の高い」アナロジーが不可欠であるという。

同じ現象を目の当たりにしても、具体的なことにしか目が行かない人は、アナロジーの能力が低い。しかし、その現象の構造やメカニズムといった、一つ次元の高いところに関心を持つ習慣のある人は、効果的なアナロジーが可能になるという。ジックらは、次のような問題を被験者に出している。

「ある要塞を攻め落とすために、一万人の大軍を一気に送り込む必要がある。しかし一つの道を全員が通ると、その重量に耐えられない地雷が道に仕掛けられており、全壊の恐れがある。全軍を要塞に一気に送り込むには、いったいどういう攻略法をとればいいだろうか?」

この正解例としては、「軍を何隊にも細かく分散して、あらゆる角度から放射線状に攻め込む。そして要塞において、最大限の兵数を収束させる」ということになるだろう。このエピソードから、人はいったいどんなことを類推するだろうか。アナロジーの力が表面的な人は、「戦術とは奥深い」「地雷の威力は恐ろしい」という、具象にひきずられた低次元の感想に終始してしまうという。その感想が間違いというわけではないが、ただそれだけでは他のことに生かしようがなく、新たな開発にもつながらないだろう。

しかし、「力をあえて分散した後で再び最大化する」という、このストーリーの根幹をなす抽象的なポイントに着目する人ならば、アナロジーの力を他の課題にも

系」のアナロジーから「原子の構造」を発見

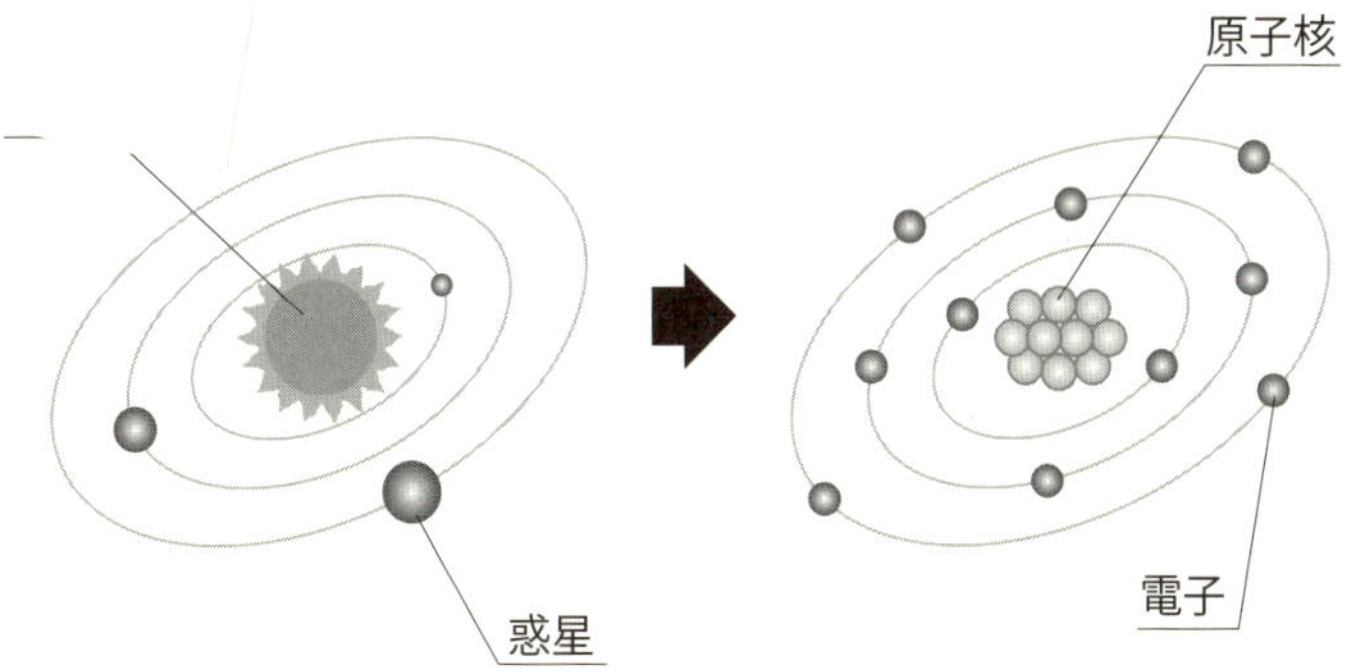

転移させることができる。**市川伸一**は、「この話から何を学んだのか」ということを自身で確認し、次の課題にいかそうとする方略のことを「**教訓帰納**」と名づけているが、この教訓帰納が深いレベルでなされている場合は、以下の問題を解くことができるはずである。

「肺ガンの患者に強いレーザーをあてれば完治するのだが、強いレーザーを当てると周りの健常な組織をも破壊してしまう。どう治療すればいいだろうか?」

難しい問題であるが、ジックらによると、先ほどの「要塞問題」の肝となる部分に着目してアナロジーを働かせるよう訓練すれば、七五%もの人が正解を導けるようになったと報告されている。答えはもちろん、「微弱なレーザーを体のあらゆる角度から分散して照射し、肺のガン細胞の位置で最大値にする」ということになる。

このように、認知心理学では「創造とは知識のない状態から唐突に浮かぶものではなく、すでにある、過去の知識を巧みに組み合わせる技術である」と考えられてきている。

観察07

親と子はどうやって「親子」になるのか?

▼「母子相互作用」というテレパシー

◉赤ちゃんにだけ通じる「母親語」

乳児ははじめ、何を発信するにも親に泣いて訴えようとする。しかし、なぜ泣いているのかという理由を話してくれるわけではない。したがって、親は懸命に原因を突き止めようと、抱いたり声をかけたりしてあやす。

ゆっくりと音節を区切り、大きくて高く、抑揚のある話しかけ方をする。これを発達心理学では「**マザリーズ**(motherese)」と呼んでいる。マザリーズとは、直訳すると「**母親語**」という意味の造語であるが、子どもと接することに慣れている大人は本能的にこのような話しかけ方をするので、「**育児語**」「**養育語**」などと呼ばれることもある。また最近は英語圏においては、「**ペアリンティーズ**(parentese)」という語を用いることもあるようだ。

正高信男の観察記録によると、マザリーズによる話しかけによって、たとえば絵本の読み聞かせをしたときに、子どもが絵本をよく注視したり感情表出が豊かになったり、その大人の話しかけに合わせてよく声を出すようになる。最初はマザリー

一口メモ

正高信男（まさたか　のぶお　1954～）　大阪生まれ。大阪大学人間科学部卒業、同大学院人間科学研究科博士課程修了。京都大学霊長類研究所教授。専攻は認知神経科学。ヒトを含めた霊長類のコミュニケーション研究の第一人者。

ズを照れくさく感じる親も少なくないが、その話し方を用いてみると、子どもが目に見えて表情を変えたり音声を発したりと反応しているのがわかるので、そのうちに話しかける親のほうもマザリーズを心がけるようになり、どんどん上手になっていく様子が観察されている。

小児科医の**ブラゼルトン**らによると、親が話しかけるほどに乳児はよく音声を発し、親が見つめると乳児が見つめ返し微笑みあう。しかも、このような相互作用は、生まれたときから本能的に備わっていると考えられている。それを傍証する研究としては大脳生理学者である**フィールド**らのものが有名である。彼らは、生まれて数時間しかたっていない赤ん坊であっても、親が口を開閉したり舌を出したり、笑ったり怒ったりといった表情をしてみせると、それを赤ん坊が一生懸命に模倣しようとする様子を報告している。この生まれつきの反射的な真似のことを、彼らは「**原初模倣**」と呼んでいる。

◉赤ちゃんが可愛い理由

親はマザリーズを使ったり、触って体温を感じさせたりと、乳児にたくさんの刺激を与えているが、実はこれは一方的なものではない。人の先天的能力について研究している**クラウス**らによると、乳児も同じように、声や表情、視線、体温、においを大人に送っており、親はそれを受け止めて反応をさらに強く返すという、「**愛**

情の高めあい」を行なっている。

また他の動物も含めて、小さい頃は見た目が非常に特徴的である。子どもの頃は、頬がふっくら丸く、目と目が離れていて、目鼻口が頭に対して多少下に位置している。人が可愛いと感じるキャラクターやアニメなどを思い起こしてもらえば理解できると思うが、このような特徴は「可愛い」と相手に感じさせ、自然と世話をしたくなるといった、**養育行動**をひきおこすための特徴であると考えられている。養育者が必要な動物に備わった、生命を維持するために大切な要素なのである。

養育者の愛情を引き出すもう一つの要因として、母性の発達について研究している**石野陽子**は「**人見知り**」も挙げている。人見知りは、だいたい生後5〜6か月頃から見られるようになる。それまでの乳児は、**快感情**を与えてくれた人、たとえば、あやしてくれた人なら誰にでも笑顔を見せ、声を上げる。ところがある頃から、普段からあまり接していない人が近づいたり話しかけたり抱こうとしたりすると、それを敏感に察知し、突き放したり泣いたりして、嫌悪や恐怖といった**不快感情**をあらわにするようになる。

しかしこのとき、親など頻繁に接している人に抱かれるとピタリと泣き止んでギュッとしがみつき、他人への反応とは明確な違いを見せる。これは、親と乳児の間に信頼関係が構築され、他の人との区別がつき始めたことを親にはっきりと知らせることになる。つまり、自分をとりまく世界には、自分にとって非常に大切な人間

一口メモ

社会的参照　他者に情報を求め、みずからの行動を調節する現象。どう対処してよいか判断できない状況に置かれた際、他者からの情報を利用して自身の行動を決定することで、「他者への問合せ」とも呼ばれる。

と、それ以外の人間がいることがわかるようになったという、人間関係理解の大きな第一歩を踏み出した証である。

このような乳児の行動は親を非常に喜ばせ、「私だけがこの子を笑顔にできるのだ」という強い自信や自負、そして「私がこの子を育てなければ、誰が育てられるのか」という責任感をあらためて感じさせることになる。人見知りという現象は、親の養育行動をさらに促し、毎日休みなく続く養育行動への活力を与える大切な働きを含んでいるといえよう。

このような、親から子、子から親への合図行動とそれに対する反応行動から成り立つ、行動的・感覚的・心理的なやりとりのことを、発達心理学では「**母子相互作用**」と呼んでいる。この母子相互作用の継続が、親と子のきずなを深め愛情の形成を促進する。

ハイハイができる頃になると、子どもはしだいに親を「**安全基地**」に見立て、親のほうを見ながら一人遊びをしたり、親を振り返りながら、少しずつ離れた場所まで冒険を始めたりするようになる。また、親の表情の変化によって、目の前のものが危険なものなのか安全なものなのかを、即座に判断するようになる。これは「**社会的参照**（social reference）」と呼ばれる、集団行動の礎となる行為だ。子どもは、このように養育者との結びつきを基盤として社会性を発達させ、将来の人間関係を円滑に行なうための土台を築いているといえる。

観察08

子どもの社交性はどのように形成されるのか？

▼親への「愛着」が社会への入り口

◉はじめての社交は親子関係

前述したとおり、子どもは成長するにしたがって、**母子相互作用**を中心に親と情緒的な結びつきを強めていく。その後、親という絶対的に安心な存在である**安全基地**を中心として、その信頼感情を支えに、親子という二者関係に留まらず、「**愛着**(attachment)」の対象を広げていけるようになる。

愛着は、発達心理学では非常に重視される言葉である。簡単にいえば、他の人間と親密な関係をつくろうとする人なつっこさのことで、「この人がそばにいてくれるなら安心できる」と根拠なく思い込める力である。

愛着形成と類似した考え方で、**マズロー**の**自己実現理論**においても、「**基本的信頼感**」を乳幼児期に獲得することが、将来の自己実現に向かうための第一歩であると位置づけられている。基本的信頼感とは、たとえば散歩をしていて他人とすれ違うときに、「相手は自分のことをいきなり刺したりはしない」と、当然のように思えることである。

一口メモ

アブラハム・マズロー（Abraham Maslow　1908〜70）米国の心理学者。生理的欲求、安全の欲求、社会的欲求、承認の欲求などの低位の欲求が充足されて後、はじめて自己実現の欲求が満たされるという「自己実現理論」を提唱。

エインスワースらは、このような他者への信頼感情、つまり「**社交性**（人なつっこさ）」といった性格形成が、母子の愛着スタイルによって決まると考えている。そして、「**ストレンジ・シチュエーション法**」と呼ばれる観察法を生み出し、被験者となる母子の関係が今どのような段階であるか、また愛着の対象を親以外の人に広げていく社交性が子どもに備わってきているか、という二点が測れるよう工夫している。

ストレンジ・シチュエーション法は、はじめての場所で、親が席を外し子どもが一人ぼっちになったとき、そしてその後、親と再会できたとき、子どもがどのような反応を示すか、という組織だった研究法であり、はじめて用いられた一九七八年から現在もなお、発達心理学者の間では愛着形成の観察に用いられ続けている。私自身も、母子関係のスタイルを理解するために、これをカウンセリングルームで用いることがある。

子どもの反応は、大きく分けると三つある。一つめは、親が席を外してもほとんど苦痛を示さず、また、再会のときに歓迎行動も接近行動もしないという反応である。親に対して無頓着である「回避型」と呼ばれるタイプである。この反応が出るようであれば、まだ基礎的な愛着形成がなされておらず、母子相互作用がさらに必要であることをあらわしている。

二つめは、親が席を外すときに強い悲しみを示し、再会のときにもその悲しみや不安がおさまらず、たたいたり泣き続けたりといった反抗的な行動を示す「抵抗型」である。**人見知り**の真っ只中によく見られる傾向があるが、非常に密着した親子関係が伺われる。

三つめは、親が席を外したときには苦痛を示し、再会場面では呼んだり笑いかけたりといった歓迎行動を示すなど、非常にメリハリがあり、親を信頼しているといえる「安定型」である。この型の愛着関係にある子どもは、はじめての場所でも親を安全基地としながら、大胆な探索行動を行なうことが多い。したがって、実際の生活場面においても能動的・社交的に人間関係を広げていく準備が整っているといえるだろう。

◉社交性は遊びながらつくられていく

パーテンは、幼児がどのような遊びを行なっていくのか、二歳児以降を対象に対人関係の発達に注目しながら観察を行なった。

すると、「何もしていない」→「傍観する」→「**一人遊び**（近くに人はいるが、思い思いのオモチャを用いて一人で遊んでいる）」→「**平行遊び**（同じ種類のおもちゃを用いて隣同士で遊んでいるが、それぞれ自分の世界で遊んでいる。たとえば、砂場で各々が山をつくるなど）」→「**連合遊び**（他の子どもと遊んでいるが、自分の欲求を前面に出して、各自やりたいように遊んでいる）」→「**協同遊び**（他の子

一口メモ

メアリ・エインスワース（Mary Ainsworth　1913～99）米国の発達心理学者。１歳児の愛着行動の発達を評価する方法として、ストレンジ・シチュエーション法を用い、養育者との分離および再会の過程で現われる感情と行動上の差異について注目した。

どもと共通の目的を持ち、役割を分担して集団で遊んでいる。たとえば鬼ごっこなど）」と、遊びは六つのカテゴリに分類でき、年齢が上がるほどに遊びパターンのレパートリーが増えていくことを指摘している。

また、押しなべて、子どもは一人遊びから集団遊びへと移行する傾向があることも、さまざまな研究者が示している。

「遊び」のメカニズムを研究している**森楙**《しげる》らによると、このように子どもが集団で遊べるようになっていくのは、「遊び能力」が高まっていくからであると考えられている。遊び能力とは、次の三つに分類することができる。

①「**創造的能力**」：さまざまなことに関心を示し、遊ぶための工夫を行なう力

②「**相互作用能力**」：他の子どもに働きかけたり応答したり、楽しく協力し合う力

③「**組織的行動能力**」：役割やルールを理解し、それに則って遊べる力

これは、集団で遊ぶためには、創造的な能力が育って個として賢くなるだけでは不十分であることを示している。友達と楽しくやりとりをし、みんなで決めたルールを守って遊べる能力を得てはじめて、しだいに社会的な存在になっていけることを示唆している。子どもの頃に、養育者との愛着関係を基礎に、同年齢の子どもとの遊びを通して、人なつっこさや社交性を獲得することは、将来の集団生活の中で、いかに適応的で社会的な人間に育っていくかということに強く結びついている。

「友情」はどうやってつくられるのか？

▼「個別性」を知って人は成熟する

◉友達の意義は変化していく

青年期に入ると、親からの**心理的離乳**を経て、同世代だけでの閉じた友人関係を好むようになる。青年心理学者の**宮下一博**によると、この時期に同性との深い友情が育てられるか否かということは、心の成長を左右する大きな要因になる。

そして、青年期に得た「**友情パターン**」は、成人後にどのような**社会的対人関係**を結ぶ人になるか、ということと大きく関連している。また、同性とどのように付き合うかということが、異性との**恋愛関係**の雛形になるという指摘もある。

発達と孤独感情の関連について研究している**落合良行**らの観察によると、友人関係には典型的な四つのパターンがあるという。この研究では、「深い－浅い」「広い－狭い」という二つの付き合い方の程度に着目して、以下の四つの付き合い方を見出している。

①**浅く広く関わるタイプ**：誰とでも同じように仲よくしようとしているが、自分の本音は出さずに友達と付き合う

一口メモ

ギャングエイジ　８歳頃から思春期に至るまで、自発的に非公式集団を形成し、社会性の発達に一段の進歩を示す時期。他世代を排除し、同世代であっても認められた者にしか門戸を開かない。きわめて閉鎖性が強い。

②**浅く狭く関わるタイプ**：自分の本音は出さずに、限られた人だけを選んで一緒に過ごす

③**深く広く関わるタイプ**：誰とでも付き合おうとし、誰からも好かれたり愛されたりしようとする。そして、お互いにありのままの自己を積極的に開示しあい、分かり合おうとする

④**深く狭くかかわるタイプ**：限られた相手と積極的にかかわり、秘密を共有しようとする

この枠組みにそった研究は、中学生から大学生までに調査が行なわれている。中学生では「浅く広く関わるタイプ」に当てはまるもの、高校生では「深く広く関わるタイプに当てはまるもの、大学生では「深く狭くかかわる付き合い方」に当てはまるものが多く観察されている。一般的には、中学生から大学生に至るまでに、「浅い」付き合い方から次第に「深い」付き合い方へ、そして「広い」付き合い方から「狭い」付き合い方へと徐々に変化していく様子が伺える。

◉友情崩壊を「成熟」の糧に

前出の落合によれば、**第二次性徴期**を迎える頃から、青年は「自分のことをわかってくれるかどうか?」ということが気になってくる。子供の頃は親にいろいろと相談をする傾向にあるが、相談をしているうちに、親が自分のことを完全にはわか

ってくれないことに気づき始める。すると、同世代の友人に心を**自己開示**し、強く影響を及ぼしあい、ときに相互依存的になる時期がある。同世代ととかく「つるむ」ことで安心感を得る年代を、発達心理学では「**ギャングエイジ**」と呼んでいる。

ところがその友人も、自分が期待するほどには自分のことを深く理解してくれないことを感じるようになるという。このような友情関係の中における落胆や喜びを経験する中で、「自分と同じ人間は存在しない」「人間はお互いにすべてがわかるわけではない」ということ、つまり、人間の「**個別性**」に気づいていくのである。

個別性に気づき始めた青年の中には、どうせわかり合えないのだから人と関わるのをやめてしまおう、とひきこもってしまう人もいる。しかし、「お互いにすべてのことをわかり合うことはできないが、わかり合おうと努力することはできる」という考え方ができるようになることが、社会的生物として集団に適応していくには重要なことである。

人は誰しも心理的な部分を突き詰めていけば、誰もが孤独な存在である。そのことを実感した上で友人と付き合うことができるようになって初めて、人間関係が少しずつ発展していくプロセスを楽しむことができるようになるのだ。

◉現代的な対人関係の特徴

現代青年に特有な対人関係については、昔から心理学で研究されてきた。特に一

一口メモ

エリク・エリクソン（Erik Erikson　1902～94）ドイツ出身（その後米国に帰化）の精神分析家・発達心理学者。自己と社会との関係を重視して、人間の心理社会的発達を8段階に分類し、アイデンティティの概念を打ち出した。

九八〇年代半ば以降は、深い対人関係を避けたり、低い評価を受けないように警戒したり、互いに傷つけないように気を使って、表層的に円滑な関係で済ませようとするといった指摘がなされるようになってきた。本来、**エリクソン**は青年期のことを「**疾風怒濤の時代**」と呼び、命がけで悩んだり**葛藤**したりする時期であることを指摘していたが、現代の日本の青年にはそのような情熱が希薄になっているように見える。友情の形には「時代性」が影響することがわかる。

青年期の対人関係を研究している**岡田努**は二〇〇七年に、現代青年の対人関係について六つの特徴を挙げている。

①**関係が希薄**：実際以上に明るく振る舞うが、深刻な話題を避ける
②**群れ志向的**：友人が多く、「笑い」をとる技能があるということが最も評価される
③**やさしさ**：相手への思いやりよりも、スムーズにその場をしのぐ技術が重視される
④**葛藤を避ける**：できるだけ衝突を避けるような、迎合しあう話し方をする
⑤**無関心**：身近な集団に受容されることだけを考え、外部の他者には気を回さない
⑥**ふれあい恐怖**：学校行事など、人間関係が深化するような場面を避ける

ただ、この傾向がすべての若者に見られるわけではないことも指摘されている。

観察10

本当の恋愛はいつからできるのか？

▼まずは自分の「アイデンティティ地位」を知ること

◉恋はただ盲目でよいのか？

古くから青年心理学では、**第二次性徴**に伴う性的な成熟によって、異性に惹かれるようになるといわれてきた。しかし近年では、恋愛は単に生物学的な成熟だけではなく、自分自身のことをどのように考えるかという「**自意識**」や「**アイデンティティ**」が大きく関わるといわれるようになっている。教育心理学者の**大野久**は、大学生のレポートを分析する中で、近年の若者に多く見られる恋愛のスタイルについて、次の五つの特徴を挙げている。

①相手からの賛美・賞賛を得たがる（好きだ、素敵だ、と口にして欲しい）

②相手からの評価が気になる（「私のことをどう思う？」と尋ねる）

③しばらく付き合うと、呑み込まれる不安を感じる（あまり「好きだ」といわれると、かえって不安を感じる）

④相手の挙動から目が離せなくなる（自分のことを嫌いになったのではないかと気になる）

一口メモ

大野　久（おおの　ひさし　1955～）山梨県生まれ。教育心理学者。青年期のアイデンティティ、恋愛、充実感を主要テーマとし、量的データと質的データの双方から青年の心理を探求している。

⑤結果として多くの場合、交際が長続きしない

大野は、これらの特徴を持つ恋愛のことを、「**アイデンティティのための恋愛**」と名づけている。相手に愛情を注ぐ他者愛よりも、自分を認めて欲しいという**自己愛**のほうが上回るような恋愛傾向である。

◉他人からの評価によって「自分探し」を行なう

エリクソンの**アイデンティティ理論**によると、異性との交際から結婚に至る「**親密性**」の獲得は、すでに自分のアイデンティティが固まった後の、成人初期になってなされることになっている。彼の著書にも、「本当に親密であるためには、少なくとも、むしろ確固たるアイデンティティが発達中でなければならない」と明記されている。まずは「自分は誰なのか、どこに向かって生きていくのか」というアイデンティティをつくり上げることが先に行なわれるべきであって、その後になって、ようやく成熟した恋愛関係をつくれるようになると考えている。

しかし現状は、親密性もアイデンティティも十分に発達していない状態の若者が、自分自身のアイデンティティを、他者からの評価によって定義づけようと試みる現象が増えている。「**自分探し**」を自らの試行錯誤で行なうのでなく、恋人からの賞賛や評価を映し鏡にして、簡単に自分のことを（しかもポジティブな自分のことだけを）、知ろうとする心理である。

言い換えると、自分自身に十分な自信がないために、その自信を補強するために恋愛相手を利用してしまう、という人間関係のあり方である。彼らにとって、恋人を失ってしまうことは、自分自身を失ってしまうことになる。そのため、「自分が見ていないところで何をしているのだろう?」と、相手の行動を疑い、いつも不安を抱えることになる。しかし一方で、やはり自分に自信がないため、あまりに相手から「好きだ」と追われると、その気持ちを受け止めきれずに、急に気持ちが引いてしまう。

このような自分本位な付き合い方をするカップリングは、恋愛感情とはまた異質の関係性であるといえるだろう。

◉本当の恋愛をするために必要なこと

アイデンティティのための恋愛から抜け出すためにはどうしたらよいのだろうか。これに関して、大野は六つの重要事項を挙げている。

①**無条件性**：相手に条件を求めず、ありのままの相手を好きになろうとする
②**相互性**：自分のことだけを考えるのではなく、相手のこと、二人のことを考えるようにする。相手の喜びを自分の喜びと感じる
③**防衛の消失**：ありのままの自分を、相手に出すようにする
④**人生のパートナーシップ**：精神的に支えあう存在になるよう意識する

一口メモ

モラトリアム　本来は、人間が成長して、なお社会的義務の遂行を猶予される期間、また、その猶予にとどまろうとする心理状態を指すが、日本では、大人になることを踏み留まろうとする青年、大人になるのを拒む心理を指すケースが多い。

⑤**時間的展望**：今だけでなく、将来の二人のことに思いをはせるようにする
⑥**身体症状の消失**：「ドキドキするから好き、緊張感が好き」という時期を越えて、「安心感や信頼感をもてるから好き」へ移行することを喜ぶ

このほかにも、自分のアイデンティティを確固たるものにすることも、本質的に重要なことだろう。しかし現在は、エリクソンが唱えたようにアイデンティティが「ある・ない」の二分割法では考えられていない。

エリクソンの概念を実践研究に取り入れた先駆者である**マーシャ**は、アイデンティティの状態（＝「**アイデンティティ地位**」と呼ばれている）には、少なくとも四つの状態があることを指摘している。

一つめは「**アイデンティティ拡散**」と呼ばれる状態で、自分の信じる道に積極的に関与していない状態。二つめは「**早期完了**」といって、**葛藤**の時期を経ずに、早々に「自分はこんなもの」と決めつけている状態。三つめは「**モラトリアム**」と呼ばれる時期で、自分探しのためにいろいろなことを模索している途中の状態。そして四つめが「**アイデンティティ達成**」である。

青年期に限らず三〇代、四〇代になっても、実はアイデンティティ達成に至っていない人は多い。自分のアイデンティティ地位を知り、「私の進むべき道はどこか」という葛藤を経験して、自身の心を定めることが、他者を献身的に「愛する」ようになるための必要条件だといえるだろう。

Column

自分自身のことは どうやって知るのか？

他者を見抜くことも大切だが、人はどうやって「自分自身」のことを知るのだろうか。「人は『行動』という名のハシゴを昇ることで、はじめて向こう岸にいる『自分』を見ることができる」。これは、社会心理学者ベムの言葉である。

たとえば、自分から恋人に別れを告げたとたん、なぜか急に涙がこみ上げてきたとする。そういう反応を自分で認識してはじめて、「あれ？ 相手のことをこんなに思っていたのか」と、新しい自分を知ることになる。行動することで初めて、自分の深い心に気づくのだ。これは「自己知覚理論」と呼ばれている。

この理論を実証した「１ドル実験」を紹介しよう。被験者に単純作業をさせた後で、「このバイトは面白かった」と嘘をついて他の人も勧誘させるのだ。その際、Ａ群には作業の謝礼として 20 ドルを握らせるが、Ｂ群にはたった１ドルしか渡さない。直感的には、「20 ドルも貰えば意欲的に勧誘するだろうが、１ドルではヤル気も起きないだろう」と思ってしまう。

しかし結果は反対。１ドルグループのほうが、ヤラセどころか、あの単純作業が「本当に面白かった！」と真剣に思い、他者を勧誘する率も高かったのだ。彼らの心には、（たった１ドルでもやったということは、自分はけっこう単純労働が好きなのだ）という合理化が成立したのである。

「１ドルで働く」という行動のハシゴを昇らされることで、「単純作業が好きな私」という自分を、なかば強引に発見させた実験結果である。

第5章

「理論」を整理する心理学

第5章のOUTLINE

タイプの分類をするために現象をモデル化する心理学

第2章から第4章までわかってきた、たくさんの原理原則。これらを散らかし放題にしていては、次の研究に進むことは難しい。たくさんの洋服を持っていても、クローゼットに突っ込んだままでは、いざというときに使えないのと同じである。

心理学の世界には専門領域ごとに、さまざまなタイプの心理学者がいるが、これから紹介するのは、心理学界では「理論屋」「整理屋」と呼ばれている研究者がまとめた成果についてである。

学問では一般的に、「雑多なコマゴマしたものを、できるだけ小さくまとめる」のが、最上の知的行為である。簡潔にまとまっているものを、わざわざ壮大に難しく展開するのがインテリだと誤解している人も多

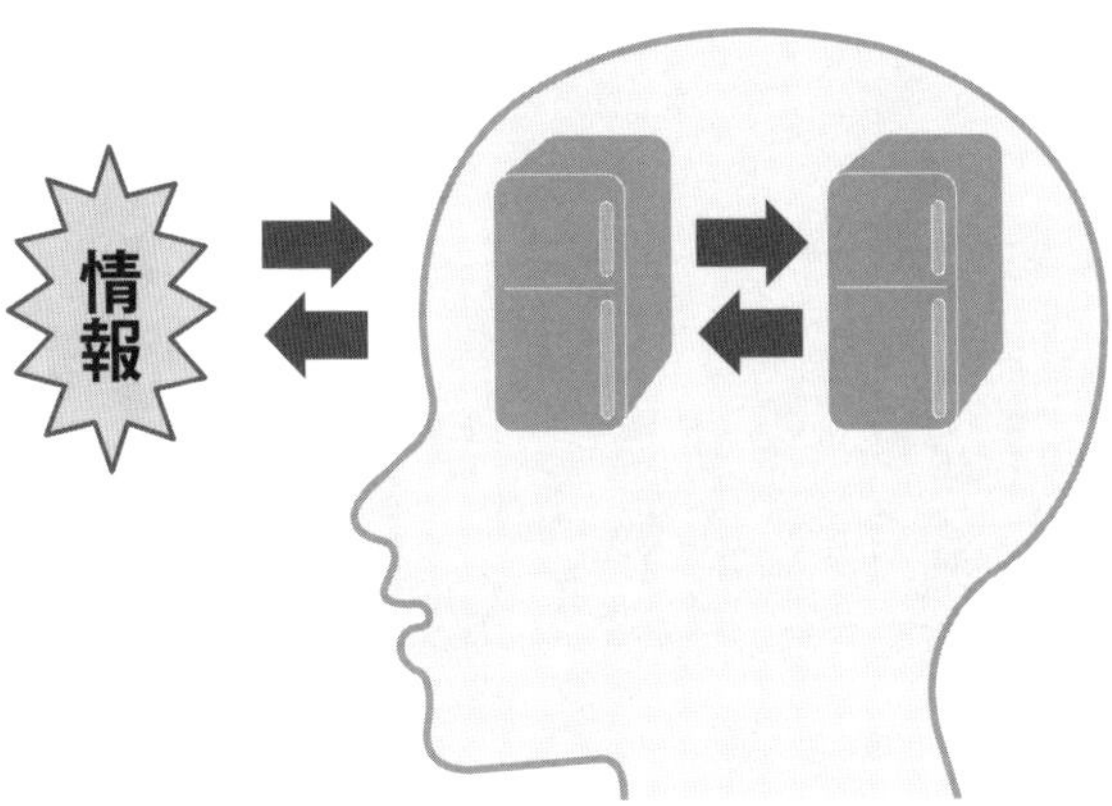

いが、それは間違いだろう。
理論を整理することは、誰にでもできるわけではない。さまざまな実験結果や観察結果を俯瞰的に見て、それを使い勝手のいいようにコンパクトにまとめる作業は、熟練した研究者にしかできないことである。これを、「メタ分析」などと呼ぶこともあるが、メタ（meta-）というのは「一つ高次元の」という意味の接頭語である。
理論屋、整理屋と呼ばれる研究者は、若いうちには自らフィールドに出て実験を数多く手がけ、その後、特定の分野の第一線の研究者となってから理論の整理にとりかかることが多い。若いうちからいきなり理論屋になろうとしても、それは机上の空論を披露するだけに終わってしまい、誰もが「なるほど」と唸るような理論整理を行なうことは難しい。
本章では、熟練した研究者たちが、心理学の理論を巧妙に整理した痕跡をご紹介したい。

理論01

どれくらいの難易度なら人は意欲を感じるのか?

▼結果期待と効力期待による「自己効力感理論」

◉高い山ほど登りたくなる?

「目標は高いほどよい」といわれることがあるが、実はそれは正しいわけではない。教育心理学では、「頑張れば手が届きそうだけど、頑張らなければ失敗しそうな目標」がベストであると考えられている。

あまりにも遠くて高い目標では、自分がその目標をクリアするための、具体的な見通しが持てないからだ。

意欲を強く感じるためには、「自分には、きっとこれをやりとげることができる」という自信を持つことが重要であろう。その自信のことを、**自己効力**（self efficacy）という。

バンデュラの提唱した**自己効力感理論**を紹介しよう。

左ページの図に示している「**結果期待**」とは、「ある努力をすれば、きっと成功するだろう」という期待感のことだ。たとえば、「夕飯をキャベツだけにすれば、半年で五キロ痩せられるだろう」という確実な見通しのことである。

効力期待と結果期待

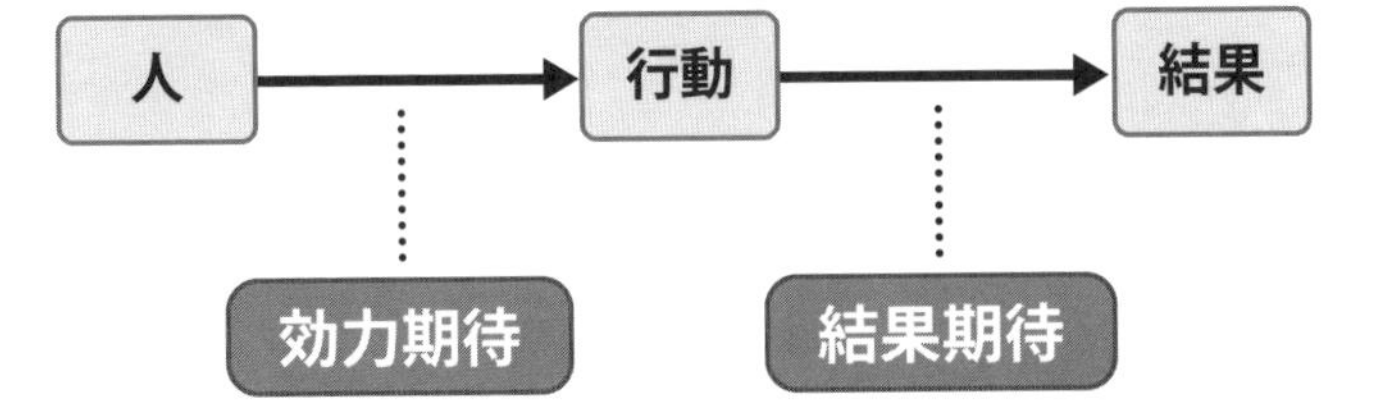

「**効力期待**」とは、「自分がその努力を本当に実行できるのか?」という自分への確信のことである。つまり、「自分は半年もキャベツだけの夕食を続けられるのか?」という自信のことである。この例で効力期待を持てる人は、なかなかいないだろう。

「どうすれば望む結果が得られるのか」という結果期待をどんなに強く感じていても、その行動を自分が成し遂げられるのか自信がない場合、つまり効力期待が低い場合には、どんなに素晴らしい結果期待も行動に反映されない。

「一日二〇時間勉強すれば東大に合格する!」と先生にいわれても、まったくやる気が起きないのはこのメカニズムのためである。

「この努力は報われる」という結果期待と、「自分にならこの努力はできそうだ」という効力期待の二つがそろってはじめて、人は意欲的に努力を継続することができる。これが、バンデュラが整理した自己効力感理論である。

◉意欲は「分割払い」で

自己効力を高めるのに最も重要なのは、「目標をどこに設定するか」ということである。バンデュラは**シャンク**という教育心理学者とともに、目標設定の「近さ・遠さ」に焦点をあて、その影響力についての検討を行なっている。

被験者としたのは、計算技能に問題があり、算数に興味を持たないと担任教師が判断している児童四〇名である。

彼らに補習プログラムとして、全部で四二ページあるドリルを、連続七日間、自習形式で行なわせている。その際、彼らに与えた目標の「表現方法」を次のように変えている。

①**近い目標**：一日六ページを目標に勉強しよう
②**遠い目標**：七日で四二ページを目標に勉強しよう
③**目標なし**：とにかく頑張ろう

結果としては、すべての子どもが、同じ分量のドリルをこなすことができた。しかし、「その後の計算能力が、どの程度身についたか」と「自己効力感をどう感じるようになったか」の二点において、大きな差が見られた。

「一日あたりの目標が六ページ」と、適度に挑戦的であり、かつ目標をクリアしたという達成感をその日のうちに味わうことができる「近い目標群」の子どもたちは、学力も自己効力も大きく向上している。しかし、「七日で四二ページ」という「遠い目標群」の効果は、目標を何も設定しなかった群と、効果はほとんど変わら

一口メモ

アルバート・バンデュラ（→ P48）、**ディル・シャンク**（Dale Schunk）
米国の教育心理学者。学習、認知、動機づけなどをメインの研究テーマとする。

なかったのだ。

漠然とした大きな目標での勉強や仕事をした後は、自分への効力期待を育みにくく、その後の意欲にはつながらない。

しかし、同じ分量をこなすのであっても、大きな目標を小さな目標に分解することで、「自分にもやりとげられそうだ」と効力期待を持ちやすい。買い物をするときに一括で大金を払うのはためらうが、「数回の分割払いで」といわれれば手を伸ばしたくなる心理と似ている。

また、目標を細かく分けておくと、「今日は全部クリアできた」という達成感を何度も経験することになる。

しかし遠い目標では、仮に最後まで成し遂げたとしても、達成感を味わうことができるのは最後の一度きりになる。そこに至る過程では、ずっと「自分は最後までできるのだろうか?」と不安を抱えながら取り組まなくてはならず、勉強とは孤独で辛いものであり、自分には不向きだ、と思い込む可能性もある。

一般的に、目標設定には具体的な数値が重要といわれる。しかし大切なのは、数値を出すことそのものではない。いかに現実的な数値に分けて提示し、心理的に低いコストで多くの達成感を感じられるプログラムを組むか、ということなのだ。

理論 02

頑張ってもうまくいかない原因はどこにあるのか？

▼「原因帰属理論」から見えてくる、できる人の思考パターン

どんなに頑張っても成績が伸びない、どんなにやさしくしても恋人が離れていく……、物事がどうしてもうまくいかないとき、人間は自然と「なぜ？　何が悪いのか？」と自分自身に問いかける。社会心理学では、これを「**原因帰属**（attribution）」と呼び、個人の行動を方向付けるものとして重視している。

なぜなら、何を出来事の原因だと考えるかによって、そこで感じる感情や、その後の出来事に対する期待、そして実際の行動の取り方が大きく変わってくるからである。

たとえば、数学の成績が伸びない理由を「数学的知能が低いから」と考えれば、抑うつ的な気分になるだろうし、このまま勉強を続けても無駄だろうと考えるようになる。そして実際に成績は上がらないだろう。しかし「勉強の仕方を間違えているから」と考えれば、何とか工夫してみようという向上心につながり、いろいろな方法を試行錯誤するだろう。結果として、成績が向上する確率も高くなる。

原因帰属についての研究で、教育心理学の分野で最も知られているのは、**ワイナ**

一口メモ

バーナード・ワイナー（Bernard Weiner　1935～）　米国の認知心理学者。モチベーション、感情を主なテーマとする。原因帰属の研究で、6つの原因を提案している。

ワイナーによる原因帰属の分類

	統制可能		統制不可能	
	安定	不安定	安定	不安定
内的	普段の努力	一時的な努力 方法・策略	能力	気分・体調
外的	先生の熱心さ	他人からの助け	課題の困難さ 先生の教え方	運

奈須による「感情・期待・行動」の流れ

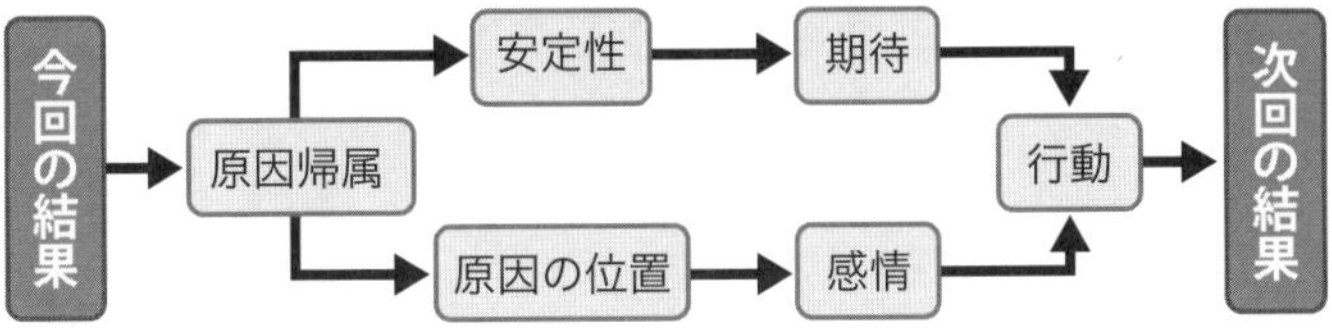

－による分類である。彼は原因が自分の中にあるのか、自分以外の要因にあるのかという内的－外的次元と、次も同じ結果が期待できるのか、できないのか、という安定－不安定の次元を組み合わせた。さらに、自分でコントロールできるのか、できないのかという統制可能－不可能をこれに加えることによって、六つの原因帰属を提案している。数多くある原因を見事に分類した美しい枠組みといわれ、現在もこの理論を越えるものはないと考えられている。

　教育心理学者の**奈須正裕**は、このような原因帰属から発生する「感情・期待・行動」の流れを、上のようにモデル化している。そして、「客観的な結果に対する主観的な原因の認知が、期待と感情を経由して先ざきの行動への意欲や実際の行動選択を左右する」、これが原因帰属の考え方であると定義し、「統制可能＋内的＋不安定」な要因である「一時的な努力」や「方法」を見直す人が、いつでも明るい気持ちで、次回も頑張ろうという意欲を保てることを示している。

理論 03

人の「意欲」を高める二つの公式とは？

▼「期待×価値」＝モチベーション

学校教師や会社役員といった、他人をコーチングしなければならない人が一番悩んでいることは、「若い人に**意欲**がない。どうしたらやる気になるのか」ということである。また、他人の意欲ではなく、自分自身の意欲が出なくて焦っている人も少なくないだろう。

本書でも頻出しているように、「意欲」は生きていくうえでエネルギーの根源となる非常に重要なものであり、教育心理学や行動心理学では、最も研究数が多いテーマの一つである。

そのなかで、意欲に関して体系的に理論化をした心理学者としては、**アトキンソン**の考え方が有名である。彼は、二つの理論構成を述べている。

第一は、**達成志向行動**（≒**内発的モチベーション**）は、「なんとしても成功したい」という**成功接近傾向**と、「とにかく失敗を回避したい」という**失敗回避傾向**の**葛藤**の結果として生じる、というものだ。これは、次のようにまとめられる。

一口メモ

ジョン・アトキンソン（John Atkinson　1923～2003） 米国の心理学者。人間のモチベーション、成果、行動などの関連について研究を行なう。厳密な数学モデルを組み込んだ理論を発表するなど、科学的アプローチを駆使した。

達成志向行動＝（成功接近傾向－失敗回避傾向）

どんなに魅力的なプロジェクトでも、人間は感情の動物であるため、失敗したら恥ずかしいという危惧がつきまとう。達成志向行動を引き出すには、「仮に失敗しても恥ずかしくない」という安心感を持たせる必要があるということだ。

第二の理論は、成功接近傾向と失敗回避傾向は、①「やらなくてはならない」という動機、②「自分にはできそうか」という主観的な期待、③「これはやりがいのあることか」という価値の乗算関係によって規定される、というものである。これは次のような式でも表現できる。

達成志向行動＝（動機×期待×価値）

この式は乗算になっているところがポイントで、どれか一つでもゼロになれば、積である達成志向行動もゼロになってしまうということだ。たとえば、「恋人をつくらなくては」という強い「動機」を持っていて、目の前にとても素敵で「価値」の高い異性がいたとしても、その異性がまったく自分に興味を示さず、しかもすでに恋人がいるということを知れば、主観的な「期待」がゼロになってしまう。すると、その異性に頑張ってアプローチしようという意欲も、乗算の結果としてゼロになってしまうというわけである。

このほかにも彼は、「誇りをどのくらい感じられるか」といった**快感情**を付加したモデル構築なども行なっているが、アトキンソンの理論は、基本的に「意欲＝期待×価値」に集約されるため、「**期待価値モデル**」と呼ばれている。

◉実践に向けてのモデル化

教育心理学者の**奈須正裕**は、このモデルを生かした授業カリキュラムや、教師の授業づくりについてさまざまな提案や検討を行ない、子どもの意欲を軸にした授業改善の研究を行なっている。また、精神科医の**和田秀樹**は、意欲を左右する恥や誇りといった**自己肯定感**（**自己愛**）について唱えた**コフート**の理論を継承し、これらの心理学理論を教育産業に活用している。

二〇〇四年に、奈須、和田両氏とともに、ＭＢＡとして企業コンサルタントに幅広く関わっている大塚寿、そして筆者の四名で、**モチベーションマネジメント**における理論の体系化を試みている。自己愛を満たし、期待や価値を高めて職場を活性化するための三つの法則である「**希望**」「**充実**」「**関係**」と、その法則を満たすためにどのような気持ちにさせる必要があるのかという九つの原理、そして、それを具体的に実践するための二六の技術というように、ツリー状のモデル化が可能、という結論に至っている。

モチベーションマネジメント理論

3つの法則　9つの原理　26の技術

- モチベーションマネジメント
  - Ⅰ 希望の法則
    - 1. 頑張れば上手くいく
      - ①明確なフィードバックを繰り返す
      - ②フィードバックのTPOを考える
    - 2. 十分にやれそうだ
      - ①達成可能な到達目標を設定する
      - ②下位目標の設定を工夫する
      - ③気が楽に持てるように原因を解釈する
    - 3. 何をどうすればいいかわかる
      - ①手本を目に見える形で示す
      - ②自分が使っている方略を自覚させる
  - Ⅱ 充実の法則
    - 1. おもしろい・確実に成長している
      - ①おもしろ味を発見させる
      - ②成長が実感できるような目標を設定させる
      - ③Being目標とBecome目標の両方を持たせる
    - 2. 自分で決めたことだから頑張る
      - ①意思決定に参加させる
      - ②積極的になっている部下を下手に褒めない
      - ③思い込みでも、元気のいい時はそのままに
    - 3. 期待されている
      - ①人より優れていると思わせる
      - ②ピグマリオン効果を利用する
      - ③「期待されているからこそ」と思えるように叱る
      - ④貢献の場、責任を与える
  - Ⅲ 関係の法則
    - 1. 安心できる
      - ①意思決定のよりどころをハッキリと示す
      - ②この人と仕事をすれば大丈夫だと思わせる
      - ③不合理な不安を解消させる
    - 2. 関心を持たれている
      - ①自分は評価されていると思わせる
      - ②メンバーに「人」として強い関心を寄せる
    - 3. 一体感がある
      - ①アイデンティティを感じさせる
      - ②そこにいてもいい仲間と思わせる
      - ③メンバーをキチンと褒める
      - ④集団心理にメンバーを巻き込む

理論04

知能の高低をどのように表現するのか?

▼「精神年齢」を「生活年齢」と比較する

◉知能を数字で捉える試み

学習心理学では、**知能検査**は「二〇世紀的考え方」といわれることがある。なぜかというと、単純にはその原型が一九〇五年にはじめてつくられ、それが幾多の改変を経ながらも、二一世紀になった今でも使用されていることに由来する。さらには、知能検査というものが「心理学のあり方」をある程度規定し続けている意味も含んでいる。知能を検査する行為は、頭のよさを科学的に測定するということだ。その考え方が、人間観や学習観、さらには社会のあり方に大きく影響を与えてきたのである。

近代以前には、人間の身分は固定的であり、地理的移動も限られていたため、個々人の進路選択は自由ではなかった。そのため、職業などの将来像は、事実上決まっていた。そうした世界には客観的な人間の理解(つまり知能検査)は不要だったのだろう。しかし、近代化した諸国においては、まず軍隊や産業の分野において「**適性志向**」が高まり、知能によって与える仕事を分配することが重視されるよう

一口メモ

アルフレッド・ビネー（Alfred Binet　1857～1911）　フランス出身の心理学者。実験を主体として異常心理、思考、心像、個人差などを研究。T・シモンとともにビネー式知能テストを開発した。

になった。さらに犯罪学などの分野においても、犯罪者について理解し、その扱いを人道的にするべきだという考え方から、責任能力について個々人を知能レベルで客観的に理解することが必要とされるようになってきた。

◉「遅れ」があることをどう表現するか

最初に実用的な知能検査を整理したのは、フランスの**ビネー**であった。ビネーは暗示や推理、記憶の研究をしていた心理学者である。医学生の**シモン**と共同で「人間の頭のよさ」について整理分類を試みた。その結果、重視すべきなのは感覚の鋭敏さなどの細かい測定ではなく、判断や推理などを行なうときの「心理的な動き」を全体的にとらえることである、という結論に至っている。

彼らは、特に子どもの検査を直接行なうことを重視している。知能は、子どものうちにある程度固定するものだ、という考え方である。親への面接という間接的な情報に頼らず、子どもに直接尋ねられる三〇項目の検査を開発した。

この検査結果は、「**知能の年齢水準**」として表現された。その時点の年齢（**生活年齢**）とは別に、知能の年齢水準を決めることは、当時としては画期的な方法である。知能の年齢水準は、予備的作業によって収集した膨大なデータによる、各年齢の標準的結果との比較によって計算された。そして知能の年齢水準が、生活年齢を二歳以上下回る場合には、その子どもには遅れがあると考え、**特殊教育**を受けるべきだとした。

そして、今でもよく使われる**ＩＱ**（**知能指数**）による分類を試みたのは、ドイツの**シュテルン**であった。彼はまず、**精神年齢**という考え方を導入した。たとえば四歳水準の知能という表現を、精神年齢四歳と呼ぶようにしたのである。

ビネーの方法で考えた場合、生活年齢が五歳のときの二歳の遅れも、生活年齢が一二歳のときの二歳の遅れも、どちらも同じ二歳の遅れとして表現される。しかし、同じ差でも前者のほうが重大であるとシュテルンは考えた。そこで、「差」による比較ではなく「商」による比較で整理しようと試みたのである。そして、ＩＱ＝（精神年齢÷生活年齢）×１００としたのである。

この指標を、実際の知能検査の結果表現に組み込んだのは、アメリカの教育心理学者**ターマン**である。彼ははじめビネーの知能検査のアメリカ版をつくっていたのだが、その一九一六年版において、ＩＱという分類方法もこれに折衷的に組み合わせている。このような変遷を経て、はじめは子どもの遅れに焦点を当てつつ、しだいに人間理解の指標がつくられていった。

◉成人のＩＱをどう表現するか

成人を対象にする知能検査の需要が大きくなると、結果の計算方法にも変化が必要となってきた。

一口メモ

ヴィルヘルム・シュテルン（William Stern　1871～1938）ドイツ出身（のち米国へ）の心理学者で哲学者。知覚、発達、言語、個性などを幅広く研究。精神年齢という概念を導入し、IQ（知能指数）による知能の分類を行なった。

比較心理学者の**ヤーキーズ**は思春期のための知能尺度を構成し、個人のテスト得点をその年齢集団の平均得点で割ることを提唱した。この方式は生活年齢との差も商も関係させず、単純に同年齢の被験者の中での「相対的な位置関係」だけに焦点を当てたものだ。この方式は「**点数尺度**」と呼ばれ、ビネーらの方法は「**年齢尺度**」と呼ばれており、同じ知能テストでも区別するべきだといわれている。

点数尺度の考え方は単純明快であるため、**ウェクスラー式知能検査**に取り入れられ、現在でも改定を重ねながら世界中で利用されている。この検査では、結果を**動作性ＩＱ**（performance IQ）と**言語性ＩＱ**（verbal IQ）の二つに分けることが提唱されている。

動作性ＩＱとは、問題解決力や、新しい刺激に対する適応力や柔軟性のことであり、日常経験の積み重ねによって、偶然的に発達する能力であるといわれている。

一方、言語性ＩＱとは、過去の練習や教わったことを整理し、自分を取り巻く文化を正しく理解する力のことであり、本人の意図的な学習によって発達する能力であると考えられている。

ウェクスラー式知能検査は、現在では幼児向けのものから成人向け（七四歳まで）のものが広く使われており、結果も、「人には慣れるが状況の変化には慣れにくい」「聞く意欲は高いが覚える力は低い」といったように、動作性ＩＱと言語性ＩＱから、総合的な言語解説によって表現されるものが増えてきている。

理論05

心の知能は測定可能なのか?

▼対人的な能力を示す「社会的知能」

前出のビネーが整理してきた「**知能**」の理論は、記憶力、言語の流暢さ、計算力、図形処理などの問題解決能力だけではなく、子どもにお金の使い方を聞いたり、紐を結ばせてみたり、困ったときの対処法を尋ねてみたりといった日常生活に必要な「**実用的知能**」も同時に測定するすぐれたものであった。ところが、ビネー以後の知能検査は、学校や職場という特定社会でのみ通用するアカデミックな問題解決能力(認知心理学ではこれを「**認知的スキル**」という)を測ることを、主眼として発展していったといえる。

しかし一方では、このような認知的スキルに加えて、社会的な文脈の中で発揮される対人的な能力、すなわち**社会的知能**(social intelligence)を研究することの重要性も、古くから指摘されていた。一九二〇年には、**ソーンダイク**が「老若男女に関わらず、人を理解し人を動かす能力、つまり、人間関係において賢明にふるまう能力」という定義とともに、社会的知能の概念を提唱しており、**ハント**ら多くの研究者がこのテーマに取り組んでいる。

一口メモ

エドワード・ソーンダイク（Edward Thorndike　1874～1949）米国の教育心理学者。試行錯誤が学習の基本形態と唱え、学習、知能、個人差、教育測定の研究を行なう。

なかでも、チンパンジーの認知・行動の研究者である**プレマック**は、高等な霊長類動物が群れ社会の中で示す権謀術的な知能を「**マキャベリ的知能**」と呼び、社会的知能を非常に重視している。

たとえば、チンパンジーの社会において、ある個体が狩りで収穫した餌を他の仲間にも分与する行為が観察される。しかし、それは単なるやさしさや愛他的行動ではないと彼はいう。餌を与えるのは、群れの中で生ずるかもしれない未来の争いに備えて「連合」を組むのにふさわしい相手だからであったり、自分より格下で「臣従」を確認させるべき相手だから、というように、きわめて利己的な動機が背後にある場合に限られることが推察されている。まさに、このような計算を含んだやさしさが、社会的知能である。

近年は、社会的知能のもう一つの側面として、「**情動の理解と表現**」に関する枠組みの整理も活発に行なわれるようになっている。一九九五年には、ジャーナリストの**ゴールマン**が、ビジネスなどの日常生活のさまざまな分野で、社会的に成功するための能力として**情動知能**（emotional intelligence）の重要性を指摘し、知能指数（ＩＱ）と対比される**情動指数**（**EQ**）が大きく取り上げられるようになった。ＥＱという言葉を流行させたのはタイムズでの記事が発端になっているが、もともとは心理学者**サロヴェイ**らの情動知能の研究に基づいた概念である。また、情動知能の本格的な体系化や測定はまだ完成していない段階といわれている。

理論06

「性格」を科学的に分析すると何が見えてくるのか？

▼「外向－内向」「情緒安定－不安定」の組み合わせで性格は決まる

アイゼンクは、**パーソナリティ**（＝性格）を「遺伝と環境によって決定される実際的あるいは潜在的な行動パターンの総体」と定義し、これを科学的に研究することを重視した。具体的には、**因子分析**という統計手法を使って、パーソナリティの主要次元を抽出している。パーソナリティの階層構造とは、パーソナリティを「特殊反応」「習慣的反応」「特性」「類型」という四つの水準から構造的に理解しようとするものである。

このモデルを前提として、精神医学的診断、質問紙法、客観的動作テストなどから得られた諸変数を分析することによって、パーソナリティの根幹をなす基本的次元とは、「**外向－内向**」と「**神経症的傾向**（**情緒安定・情緒不安定**）」の二つであるとしている。

◉「外向的」の本当の意味

よく誤解されていることだが、「**外向的**」と「**外交的**」とはまったく異なるもの

一口メモ

ハンス・アイゼンク（Hans Eysenck　1916～1997）　ドイツ出身（のち英国へ）の心理学者。実験心理学的手法によるパーソナリティ研究の第一人者。人格検査、性格特性の因子分析、行動療法などの分野で活躍。アイゼンク性格検査を考案。

である。外向とは、みんなと積極的に社交的にワイワイできること、という意味ではない。本来は、「物事を決める判断基準を、自分の外側に持っている」というのが、「外向」の定義である。

たとえば、会社の先輩が入院してお見舞いに行く場合を考えてみよう。もしも**内向的**な人だったら、「自分だったら病気のときお菓子が食べたいから、たくさんお菓子を買って持って行ってあげよう」と考える。これは、判断基準が自分の「内側」にある証拠である。

一方、外向的な人だったら、「先輩はシャイだから、押しかけられるのがイヤかもしれない。まず社員一同で花束か果物を贈ろうか」と考えるだろう。つまり先輩だったらどうだろうか、というように、判断基準が自分の内側ではなく外側に存在するわけだ。簡単にいうと、自分の価値観で考えるのではなくて、むしろ他者の価値観や周りの空気を察して、それを重んじるパーソナリティ。それが「外向的」の本当の意味である。

◉情緒が安定しないのはなぜか？

そもそも「**情緒**が安定している」とは、心理学的にはどういう状態を指しているのだろうか。**情緒不安定**な人と、安定した人の大きな違いは、一目瞭然である。それは、物事の白黒をはっきりつけたがるか否か、これにすべてかかっているといっても過言ではない。

情緒不安定な人は、はたから見ていると、すごく機嫌のいいときがあると思えば、一転して、急にイライラや怒りが爆発することがある。そのパターンをよく観察してみると、機嫌のいいときというのは、ものごとの「見通し」や正否の決着が、はっきりついているときである。反対に、イライラと怒りを表出するのは、どこかに「曖昧さ」が残っているときである。つまり白でも黒でもない、**「グレーゾーン」**に身を置かれたときに、彼らは脆弱になる。

そのため、商談にしても恋愛にしても、決着や結論がハッキリまとまるまで、ずっとイライラし続けていたり、不安でソワソワしていたりするわけである。ところが、ひとたび何かがうまくいったり一段落ついたりすると、一転して気分が晴れわたる。急に機嫌が跳ね上がり、ハメをはずして豪遊したりするのも、情緒不安定型に多く見られる傾向だ。

人間関係においても、相手の気持ちがはっきりとわからない状態に耐えられない。だから、カウンセラーを試すような行動をしてみたり（大げさに泣いたり、わざと怒ったり、自殺をほのめかしたり……）、相手の考えをしつこく詰問することもしばしばである。

精神科医の**ベック**によると、このような情緒不安定性と、**うつ病**や**不安症**といった精神病理には、少なからず関連性があることが指摘されている。

アイゼンクによる性格分類（ビッグ５）

	外向的—内向的	情緒安定—不安定
Average Type（平凡性格）	どっちつかず	どっちつかず
Black-list Type（危険性格）	外向的	情緒不安定
Calm Type（おだやか性格）	内向的	情緒安定
Director Type（リーダー性格）	外向的	情緒安定
Eccentric（変わり者性格）	内向的	情緒不安定

これは、本人としてもつらいことだろう。私は彼らに対して、「白黒などつかない。**優柔不断**な人間になること」をしばしばすすめ、グレーゾーンを楽しむことができるような訓練を行なっている。

世の中には曖昧な結論のまま終わってしまうことも多く、そのたびにいちいち怒ったり傷ついたりしていては心が悲鳴を上げてしまうだろう。**社会的適応**や**メンタルタフネス**を考えたとき、いま本当に必要なのは、**優柔不断**さやグレーゾーンを許せる柔らかい感性である。このような能力を、近年は「**ソフト・インテリジェンス**」と呼ぶこともある。

◉アイゼンク理論の体系化

アイゼンクの考え方は、**内田－クレペリン精神作業検査**に活用されている。

小学生の頃に受けた記憶のある方もいると思うが、隣り合った数字をひたすら加算しつづけるテストである。このテストでは、どこでエラーが増えるか、どのくらい**根気**が続くかといったことを測っているのである。そして、上に示したような**ビッグ5の性格傾向**が診断される。

これは、テストを受けなくても、ある程度自己判断ができるのではないだろうか。以下に、それぞれのパーソナリティの特徴を挙げておく。

【Aタイプ（平凡性格）】外と内、自己と他者、本音と建前、この両方の世界を大切にする。自己は明確に持っているが、空気をこわしてまで、無理に自己主張はしない。瞬発的直感よりも、用意周到さを重んじる。失敗回避傾向が高く、「大成功を収めよう」という情熱よりも、「大失敗はしないようにしよう」というクールな計算を働かせる。論理を重んじ、筋の通らないことを嫌う。

【Bタイプ（危険性格）】自分への関心が高く、「強い自惚《うぬぼ》れ」を持ったかと思うと、とたんに「自己嫌悪」に陥ったりと、自分自身に振り回される。束縛感にとらわれることはあまりなく、「今ここで、自分が満足しているか」「一〇〇％の力が出ているか」ということを最重視する。自己主張を明け透けに行なうことがあるために、ときとして「問題のある人」「輪を乱す人」というレッテルを貼られることもある。精神世界が非常に豊かで、想像力にたけている。傷つきやすいロマンティストであり、困っている人には共感的でやさしい。芸術的な仕事、直感的な仕事で才能を発揮する。

【Cタイプ（おだやか性格）】喜怒哀楽のエネルギーが全体として小さく、静かに淡々と物事をこなす。事務的な作業や、目的の不明瞭な仕事でも、気長にかまえて粘り強くやり遂げる。対人関係では、主に一人で過ごすか、同じタイプの人とばか

一口メモ

内田ークレペリン精神作業検査　ひと桁の数の連続加算を、15分作業－5分休憩－15分作業の順に行ない、1分ごとの作業量の継時的な変化のパターンから性格や適性を診断するもの。クレペリンの作業曲線研究を元に、内田勇三郎が独自に開発した検査。

り過ごす傾向が強い。多分野にわたって人脈を拡大していくことは、あまり好まない。計画性を持ち、頭ではいろいろなことを考えていても、明確な表現や自己主張を控えるため、ときとして「やる気がない」などと誤解されることもある。

【Dタイプ（リーダー性格）】目立ちたがり屋で、まだ誰も見つけていないアイデアを考え出したり、新しいアイテムを創造することに強い興味を持つ。競争心も強く、他者からの評価に敏感である。社交的で、初対面の人とも動じずに話をすることができる。人と親しくなるのが得意である。集団の中では統率力を発揮し、多人数の意見をバランスよくとりいれながら、一つの結論に収束させていく力を持つ。世話好きな面もあり、リーダー的存在を自ら買って出ることも少なくない。

【Eタイプ（変わり者）】周囲からは、何を考えているのかわかりづらく、本音が見えにくい。しかし、本人の心の中には明確な主張があり、すでに結論が出ていることが多い。進んで社交を広げていくタイプではなく、どちらかというと個人主義的。流れに巻き込まれることなく、自分の考えを一貫して持ち続け、わが道を行く強さを持っている。そのため、他人の思いつかないようなところにアイデアを見つけたり、人の気づかないところに着目することが少なくない。自分のことが好きで、やや秘密主義的な面もある。

理論07

ストレスとの上手な付き合い方は？

▼「ストレス・コーピング」で対処する

◉ストレス反応が起きるメカニズム

ストレスに関する心理学的な研究は、米国の心理学者**ホームズ**らの**ライフイベント測定**による「**社会的再適応評価尺度**」の研究に始まる。彼らは、配偶者の死や離婚、結婚などの日常生活の中で起こった体験と、その変化からの「回復」に必要なエネルギー量のことを、ストレスと定義した。

そのエネルギー量のことを、地震の震度になぞらえてランキングしたため、彼の考え方は**ストレスマグニチュード理論**と呼ばれる。この考え方の興味深いところは、ストレスとして「両親の死、離婚、病気」といったネガティブなことのほかにも、「結婚、長期休暇、昇進」といった、一般的にはポジティブと考えられることも、同様にストレス源になることを体系的に示している点だろう。

しかしながらすぐに、このような理論整理では、①ストレスの個人差が適切に説明できない、②ストレス源として挙げられているものが、日常生活の場面で誰もが慢性的に経験する混乱や心配事にとどまっている、という批判が起こってきた。現

トランス－アクショナル・モデル

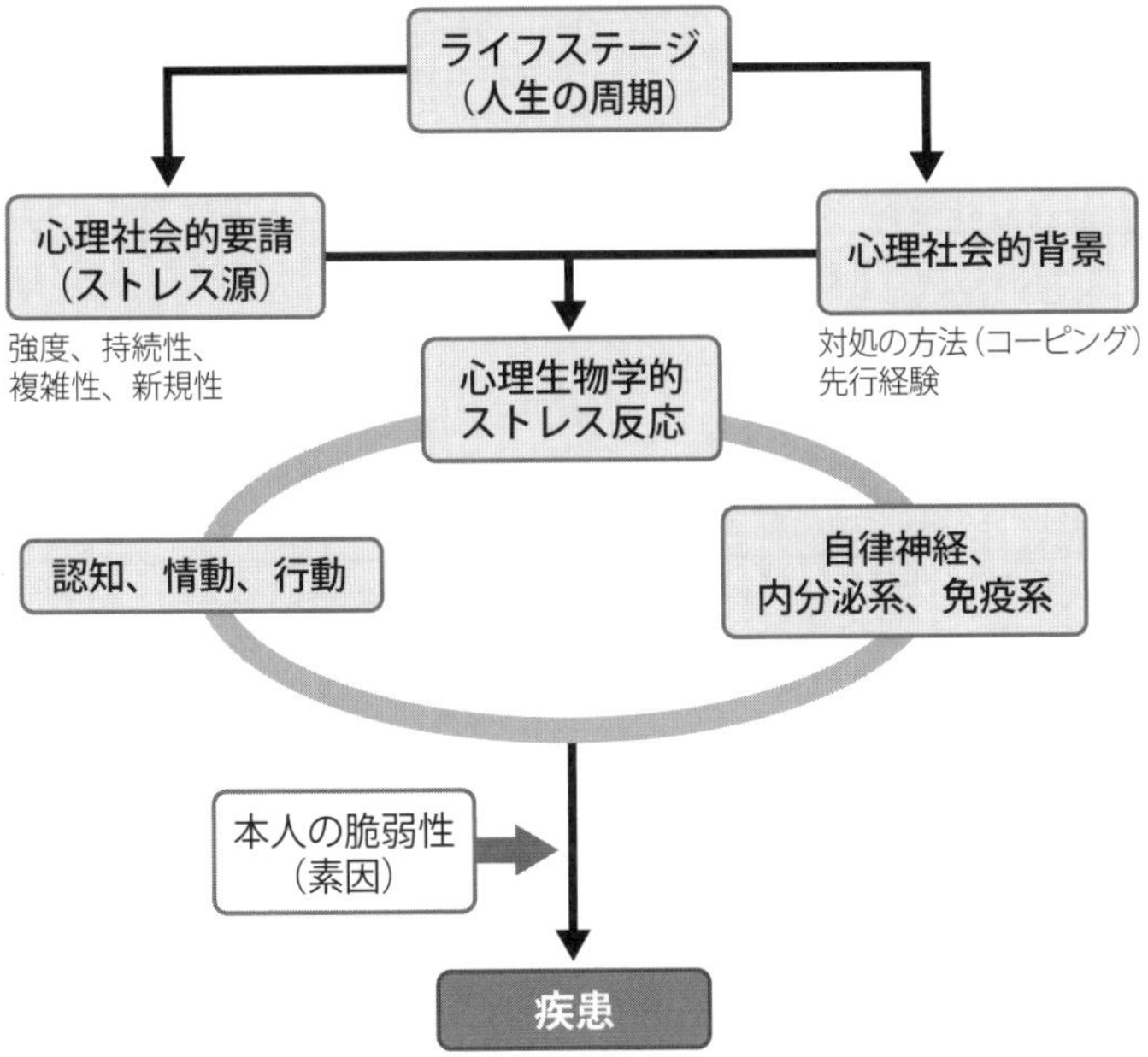

在、ストレスの生じるメカニズムを心理学的に説明する際、最も影響力をもっているモデルは、感情とストレスを研究していた**ラザラス**らによる**トランス－アクショナル・モデル**（transactional model）である。

上図に示すように、ストレス源が心身に及ぼす影響は、個人がストレス源をどのように認識し、どのように対処したか、といった個人の対応のあり方いかんによって異なってくる。そして、ストレス源の大きさと、本人がもともと持っている考え方のパターンや経験、脆弱性といった素因によって、ストレス源がどの程度の大きさのストレスとして感じられるかという個人差があらわれてくるという考え方である。これは、ストレスを感じやすい素因について研究した**マタルスキー**

らが、精神疾患が生じるメカニズムとして提唱した「**素因‐ストレスモデル**」とも通じる。

トランスアクショナル・モデルは、ストレスフルな状況に対して、いかにうまくそれを乗り切るかということも重視している。このような対処のことを、心理学では「**ストレス・コーピング**」と呼んでいる。**コーピング**とは、「状況を操作しようとして試みる心理的、行動的レベルにおける一群の反応」と定義されている。

◉ストレスとうまく付き合う方法とは？

コーピングには二種類のものがある。一つめは、ストレスの原因それ自体を変化させることを目的とする**問題焦点型コーピング**（「**プライマリーコントロール**」と呼ばれることもある）である。たとえば、思い切って職場を変えたり、付き合う友人や恋人を替えたりすることがこれに当たる。

二つめは、ストレス源によって生じてしまった不快な感情を、自分の心でコントロールする、**情動焦点型コーピング**（「**セカンダリーコントロール**」と呼ばれることもある）である。たとえば上司から叱られたときに、「それは自分に期待しているからだ」とポジティブに解釈したり、仕事に忙殺されているときに「世の役に立ててありがたい」などと、発想を合理化して、自分を鼓舞する試みである。効果的なコーピングは、ストレス源の性質や状況に応じて、タイミングよくこれらを使い

一口メモ

リチャード・ラザラス（Richard Lazarus　1922～2002）米国の心理学者。情動、ストレス、認知を主な研究テーマとする。

分けることだろう。

コーピングをまったく行なわないままストレスに長期間さらされていると、緊張性頭痛や過喚起症候群、高血圧、気管支喘息、冠動脈疾患、関節リウマチなど、さまざまな身体疾患を引き起こすことがわかっている。このような、「心理社会的要因が強く関与した身体疾患」のことを**心身症**と呼ぶが、この疾患は年々増加傾向にあるという。ストレスへの脆弱性といった素因や、環境をただちに変えることは難しいが、コーピング法はすぐにでも身につける必要がある。

癒しの効果について研究している**山田冨美雄**は、次のようなストレス・コーピングが患者に有効であったと報告している。

①ストレス源から、自分にとって肯定的な意味や価値を見出そうとする
②否定的な感情を笑いに変える。積極的に辛い感情を表出して、ユーモラスに語る
③**自己主張**（**アサーション**）の練習をする。自己主張はよいことだと信じる

このほかにも、休養や運動、食習慣の改善といった基礎的習慣も、ストレスの回避能力には大きく影響すると考えられている。

理論 08

情報は、どのようにして記憶に変わるのか？

▼脳を貯蔵庫にたとえる「ボックス・モデル」

◉二つの「箱」という考え方

人間の**記憶**のメカニズムを、いかに図式化、モデル化するかという課題は、認知心理学においては最も重要視される研究の一つである。特に一九六〇年代には、記憶にはいくつかの段階があるとし、それに対応する**貯蔵庫**（store, storage）を想定するモデルが議論の的となった。このようなモデルのことを、一般的に**ボックス・モデル**、または**貯蔵庫モデル**と呼んでいる。左ページ上の図は、ボックス・モデルの最も基本的な形である。

入力された情報は、まず感覚器官を経て**短期貯蔵庫**（short-term store）に入る。短期貯蔵庫は、まだ意識できる情報が一時的に保存されていると思えばよい。その容量は非常に小さく、内容を反復（**リハーサル**＝rehearsal）しないと、短時間のうちに減衰してしまう。記憶を二種類の箱にたとえるモデルは、当時非常に斬新で説得力があり、心理学者の注目を集めた。

記憶のボックス・モデル

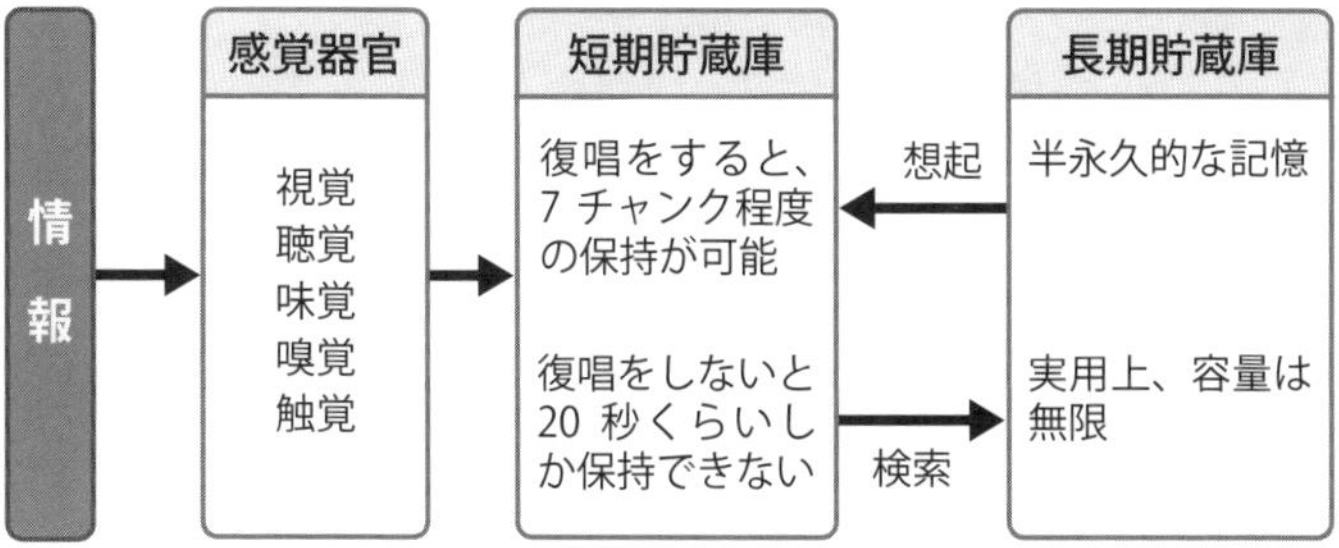

◉情報を長期貯蔵庫に転送する方法

認知心理学者の**ミラー**の研究によると、たとえば「H、R、T、W、D、L、B、M、A、O……」といったランダムな綴りは、リハーサルし続けなければ、平均して7±2まで（五個から九個）の情報しか短期貯蔵庫に保持できないことを示している。この7±2という数字は、国や性別を越えても変わらず、また子どもでも大人でもさほど差がない不思議な数字であるため、彼は「**マジカルナンバー7±2**」と名づけている。

ただし、いま例に挙げた無意味な綴りを、たとえば「（H、R、T）＝ハイアット・リージェンシー・トーキョー」、「（W、D、L）＝ウォルト・ディズニー・ランド」、「（B、M、A、O）＝ボディ・マッサージ・アロマ・オイル」というように、自発的にかたまり（**チャンク**＝chunk）をつくって意味を持たせれば、一〇のバラバラな情報ではなく、たった三つの情報に縮小することができる。かたまりをつくって意味を持たせる覚え方も、第3章で述べた「**精緻化**」の上手な方法の一つといえる。七チャンクまでは短期記憶に残せることができるため、これで一気にたくさんのことを頭に置いておけるのだ。

私たちは、意識をしなくても普段からよく短期記憶を使っている。たとえば、電話中に、唐突に相手から住所を告げられたとする。手元にメモ帳がないとき、仕方なくその住所を頭で復唱しながら一時的に短期記憶の中に置く。そして、メモ帳が見つかった後に、急いで書き残すというようなことがあるだろう。一時保管の場として、短期貯蔵庫を一日中フル活用しているのだ。

同様に、出張で泊まったホテルの部屋番号を「○号室、○号室…」とリハーサルしておけば、少なくとも滞在中は短期貯蔵庫に置いておける。しかし、この部屋番号を一生覚えているということはない。ところが、たとえばそのホテルでボヤ騒ぎがあって、警察から部屋番号を何度も確認されたり、部屋に実地検分に出向かされたりと、印象に強く残る出来事が起これば、その記憶は短期貯蔵庫だけにとどまらなくなる。十分すぎる量のリハーサルを受けた情報は、**長期貯蔵庫**（long-term memory）に転送されるからだ。

長期貯蔵庫の容量はきわめて大きく、ここに入った情報は恒久的に保存されると考えられている。必要に応じて検索され、数年経ってもその部屋番号はすぐに短期貯蔵庫に呼び戻される。これが「**想起**」という現象に対応するモデルである。

◉記憶を二つの箱にたとえる根拠

このボックスモデルの背景には、記憶を「短期」と「長期」に分ける古くからの

一口メモ

ジョージ・ミラー（George Miller 1920～） 米国の心理学者。認知心理学の先駆者。短期記憶の容量が7±2であることを実験で突き止めた。

考え方があった。特に、**自由再生**（free recall）と呼ばれる実験で見られる現象が、その有力な根拠になっている。自由再生というのは、数十の単語を一つずつ被験者に提示し、その後で、思い出せる項目を任意の順序で報告してもらうという記憶実験法である。

すると、初めのほうに提示された項目と、後ろのほうに提示された単語の再生率が高くなるということが、従来から知られていた。これを、それぞれ**初頭効果**（primary effect）と**親近効果**（recency effect）と呼ぶ。ボックス・モデルでは、この二つの効果は、異なる原因によるものであると解釈している。リストの初めのほうの単語は、まだ何も入っていない空の短期貯蔵庫に入ってくるので、反復される回数が相対的に多くなる。すると、それらは長期貯蔵庫に転送される可能性が高くなるので、よく覚えている。一方、リストの最後のほうに提示された単語は、思い起こすときにまだ短期貯蔵庫の中に残っているので、よく再生できるという考え方だ。「初恋の相手と、最後の恋人は忘れにくい」というが、それもこのモデルで説明ができる。

理論 09

効果的に情報を覚えるにはどんな工夫が必要か？

▼「エピソード記憶」を積み重ね、利用する

◉短期記憶のもう一つの側面

短期記憶と長期記憶の分類は、前項においては主に「**貯蔵**」のされ方に焦点を当てて述べたが、「**検索**」の方法によってもその性質は大きく異なる。

情報が短期記憶に保持されているということは、「いま本人の意識の中にある」ということと同義といえる。つまり、検索するまでもなく使える状態にあるということだ。したがって、短期記憶における情報処理は、「想起できるか？」ということよりも、短期記憶内でどのようなメカニズムで処理がなされるのかということに研究の焦点が当てられることが多い。

そのため、記憶とはいっても情報の「保持」だけでなく、情報の「処理」も同時に扱うという意味で、短期記憶の機能は「**ワーキング・メモリ**（作業記憶）」と呼ばれることもある。

たとえば、仕事の予定を立てる際、「まずこの仕事に取りかかって、次は…」というように頭の中で段取りを組むときや、暗算をするとき、資料の意味を解釈する

スクワイアによる長期記憶の分類

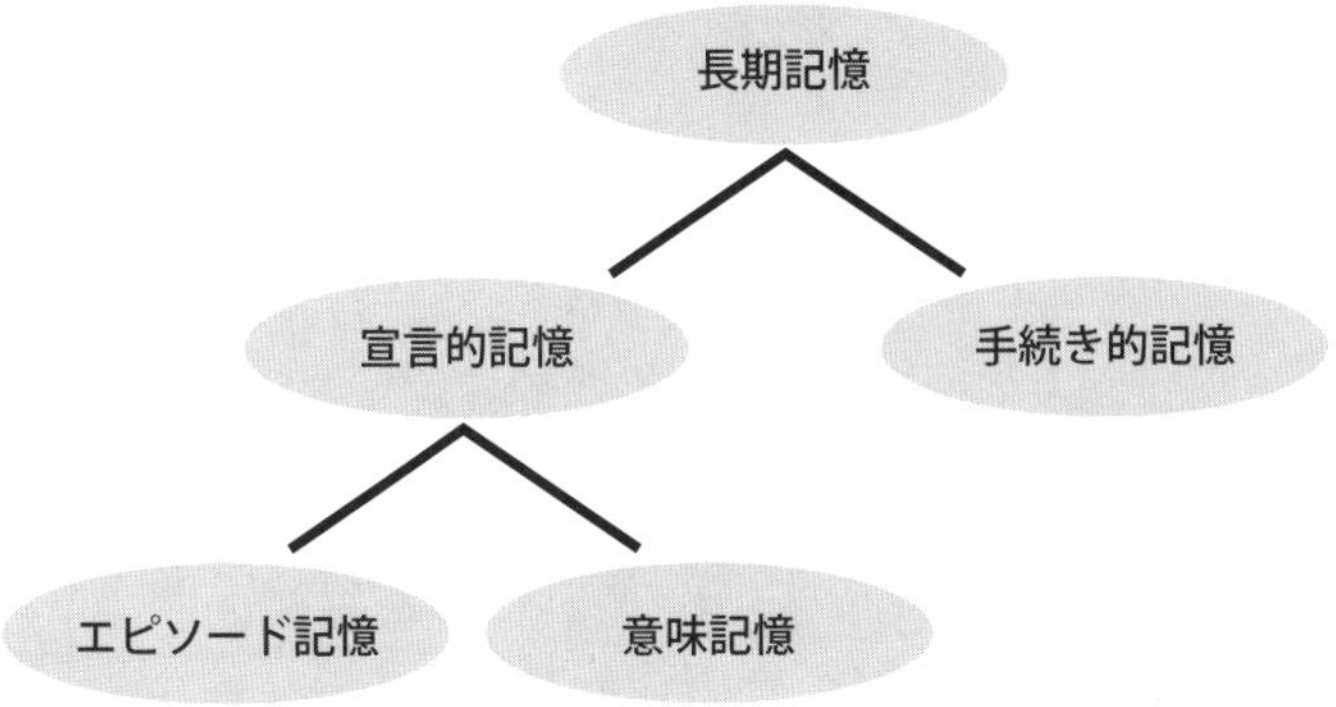

ときには、短期記憶は保持の場というよりは、「作業の場」として働いていることが実感できるだろう。

◉長期記憶から必要な情報を取り出すには

一方、長期記憶から情報を検索することは、いったん意識（＝短期記憶）から失われた情報を呼び起こし、再び意識上で処理できる状態にする必要がある。その際、思い起こされる長期記憶の種類には、いくつか異なる種類のものがあるということが、神経科学者であり心理学者である**スクワイア**らによってツリー状にまとめられている。

長期記憶はまず、**手続き的記憶**と**宣言的記憶**に分類される。手続き的記憶は、運動技能や車の運転のような「段取り」に関する記憶であり、言葉だけで表現したり他人に伝えたりすることが難しい記憶である。それに対し、記憶された情報が言葉で表現可能なものは、宣言的記憶と呼ばれている。覚えようとしたり検索しようとしている記憶が、手続き的記憶なのか宣言的記憶なのかによって、効果的な覚え方や思い出し方は大きく異なる。

【長期記憶①：手続き的記憶】

手続き的記憶を獲得するには、学習者自身が繰り返しその「手続き」を体験することが必要だ。大変な感じがするかもしれないが、いったん獲得された手続き的記憶は長期にわたって保持される。

たとえば、子どもの頃以来ずっとブランコをこがなくても、大人になってもブランコの乗り方を忘れることはない。また、手続き的記憶は「意識しないで利用すること」が可能である。ピアノで同じ曲を何度も弾いていれば、頭で考えなくても、指が楽譜どおりに勝手に動くようになるだろう。

【長期記憶②：宣言的記憶】

宣言的記憶は、利用のされ方によってさらに「**意味記憶**」と「**エピソード記憶**」に分類されている。意味記憶とは、たとえば「正式にはゴルフ場入場の際はジャケットを着用する」といった一般的知識に関する情報である。心の百科事典のようなものといえよう。

一方、「エピソード記憶」とは、「はじめてゴルフに行ったとき、先輩にジーンズ姿を注意された」といった、より個人的な出来事や思い出に関する記憶である。心の日記帳のようなものといえる。

新しい情報を獲得する際には、まずエピソード記憶として覚え、その情報をさまざまな場面で利用しているうちに、一般的な知識、すなわち意味記憶が増えていく

一口メモ

藤田哲也（ふじた　てつや　1966～）　専門は教育心理学、認知心理学。記憶（潜在記憶、行為の記憶）、初年次教育、学習支援などを主な研究テーマとする。

と考えてよいだろう。

藤田哲也は、宣言的記憶を増やしていくには、たとえば本で、「初代総理大臣は伊藤博文」といった暗記勉強をすることも悪くはないが、昔の千円札を見てみたり、今の総理大臣との違いを誰かと話してみたりと、新規な体験をする中で、「意味記憶を、個人的なエピソード記憶として獲得する工夫」をすることが、それを永久的に記憶に留めるためには有効であると述べている。

また、エピソード記憶について想起するときには、第4章で触れた**構成的想起**や**問題解決的想起**のように、「時間と場所」という文脈情報を意識的に思い出すことが重要な役割を持つ。たとえば、一昨日の夕食のメニューを思い出すには、「何時に誰とどこで食べたか」といった、情報をとりまく文脈を思い出さなければ、「メニュー」そのものだけをポンと思い出すことは難しい。

以上のように、人間の長期記憶をその処理のされ方や想起のされ方によって整理・分類することで、それぞれ有効な覚え方や思い出し方が異なるということが明確にされている。記憶研究では、漠然と「人の記憶」全体として実験や調査を行なうのではなく、このように種類を細分化して、焦点を絞った研究をすることが有意義であろう。

すぐ忘れる記憶といつまでも残る記憶の違いは何か？

▼「処理水準」からのアプローチ

◉ボックス・モデルへの批判

記憶の**ボックス・モデル**は一九六〇年代から長く隆盛を極めていたが、七二年になって、このモデルを痛烈に批判する心理学者があらわれた。**クレイク**と**ロックハート**である。彼らはそれに代わる記憶研究の枠組みとして、**処理水準**（levels of processing）という考えを打ち出した。

彼らによれば、**短期記憶**と**長期記憶**というのは一見明確な区分のようであるが、研究者によってその意味するところが異なっており、実は曖昧すぎる概念であるという。それを、二つの貯蔵庫というモデルで説明しようとするのは好ましくない。しかも、**リハーサル**（反復）によって短期貯蔵庫から長期貯蔵庫に情報があたかも自動的に転送されるという発想も、科学として成立していないと異議を唱えた。

彼らは、人間の情報処理の水準を、（もしも音楽にたとえるならば…）

①刺激の物理的特性の浅い処理（テンポの速さや音の大きさだけを感じる）

②言語的・音韻的な処理（外国語の歌のように、歌詞の意味はわからずに語感や

処理水準モデル

旋律を楽しむ）

③意味を伴う深い水準（歌詞や曲の背景の意味を解釈しながら味わう）

という、三つの深さの処理の連続体としてとらえた。いくら長い時間リハーサルを行なっていても、それが同じ水準での処理にとどまるものならば、より安定した記憶を形成するには至らないと主張したのである。

たとえば、先ほど例に出したホテルの部屋番号を覚える際に、「一九五六号室、一九五六室…」と音韻的な処理だけでは何十回リハーサルしても定着はしにくいが、「一九五六年は兄の生まれ年」というように、意味を持たせた深い処理でリハーサルを行なうと、まったく違う効果が得られる。彼らは自動的な転送モデルを批判し、記憶の深さを重視したのだ。

◉処理水準モデルを支える実験

この理論を傍証するものとして、クレイクらは次のような実験を行なっている。被験者に単語を一つずつ提示し、あらかじめ指定しておいた特定のアルファベットで始まる単語で、最後に提示されたものを常に覚えさせておくという実験を行なっている。たとえば、アルファベットとして「G」を指定し、提示される単語のリストが、「……,Glass,Hat,Potato,Milk,Garden,……,Goose,……」というように続くとしよう。はじめ被験者はG単語として

「Glass」を覚えているが、「Garden」が出てきたら、「Glass」の代わりに「Garden」を覚えておく。次に「Goose」が出てきたら、今度は「Garden」の代わりに「Goose」を覚えるという要領である。このように単語を一通り読み上げられたところで、被験者は最後のG単語を答える。この実験によって、それぞれのG単語が短期記憶内に置かれるはずの時間をコントロールするのだ。

そして、そのような試行を何回か繰り返し行なわせてから、突然、それまで出てきたすべての単語の自由再生を求めたのである。すると、短期記憶に保持されていたはずの時間と、自由再生の再生率の間には、何の組織的な関連も見出されなかったのだ。情報を短期貯蔵庫に長い間置いてあっても、それが「Potato,Milk,Garden…」というように、意味をなさない音韻的な反復である限り、結局は思い出せないことが証明された。

これによって、「短期記憶を反復すれば長期記憶へ移る」という、単純なボックスモデルを葬ろうとしたのである。

クレイクらは、リハーサルを二種類に分けることを重視した。一つは「**維持リハーサル**（maintenance rehearsal）」であり、同じ水準の処理の単なる繰り返し（たとえば、頭の中で英単語をただ音韻的に反復する）で、安定した記憶をつくるためには必ずしも役に立たない。それに対して、**精緻化リハーサル**（elaborative rehearsal）は、意味の連想をしたり、イメージ化して覚えたりすることで、これ

一口メモ

ファーガス・クレイク（Fergus Craik　1935～）スコットランド出身の認知心理学者。ロバート・ロックフォードとともに記憶の処理水準モデルを提唱。

によって情報は効果的に記憶され再生されるようになるという。

◉ボックスか？　処理水準か？

ボックス・モデルと処理水準モデルの対立は、まだ決着がついているわけではない。これは、どちらが正しいかというよりは、記憶現象の異なる側面に注目したものであるといえるだろう。

ボックス・モデルは生物学的な研究とも結びつき、大きな基盤を持っているが、リハーサルの回数こそが長期記憶への転送の手段であるかのような、機械論的な考えに陥りやすいと批判される。しかし、このような単純化（純粋化）された理論構成こそが、人間の基本的な**心理メカニズム**を明らかにするための、本来の科学の姿であるようにも思う。それは、真空状態のような、日常ではありえないような実験的環境においてはじめて、物体の落下時間と距離の関係が正確に把握できるのと似ている。

これに対し、処理水準モデルは、日常的な状況で人間が行なっている、より生々しい記憶処理に注目する。純粋な実験的状況を求める心理学者にとっては、「日常性」はむしろノイズ（雑音）と呼ばれるものであったはずだ。しかし、「どのようにしたらよく覚えられるか？」という素朴で実践的な疑問に取り組むことで、先述してきたような多くの新しい想起研究や記憶研究を触発したといえるだろう。

Column

効率的な学習方法とはどういうもの？

記憶を定着させるには、丸暗記ではなく情報を「精緻化」することが大切であることがわかった。では、本を読むときに大切なことはなんだろうか。植木によると、本の内容の意味をよく理解し、かつ速読ができる人の共通点は、「今ここはわかっているが、この部分の意味は？」と自問自答しながら、本の中をあちらこちらと探索したり、往復したりしながら読んでいることが示されている。

記憶に大切なのは「精緻化方略」であるが、読解に大切なのはこの「自己モニタリング方略」と呼ばれる方法である。植木は、このような方略を取る人と取らない人は何が違うのかについて研究している。その結果、最も重要なのは「学習観（＝どうしたら勉強はうまくいくのか、という信念）」にあることが明確になった。学習観と、学習方略の関係は下図のようにまとめられている。自力で学習方法を試行錯誤して行なうのが勉強であり、それこそが楽しいのだ！ という「方略志向」を強く持つことが、結果として効率的な学習方法の使用を促す。

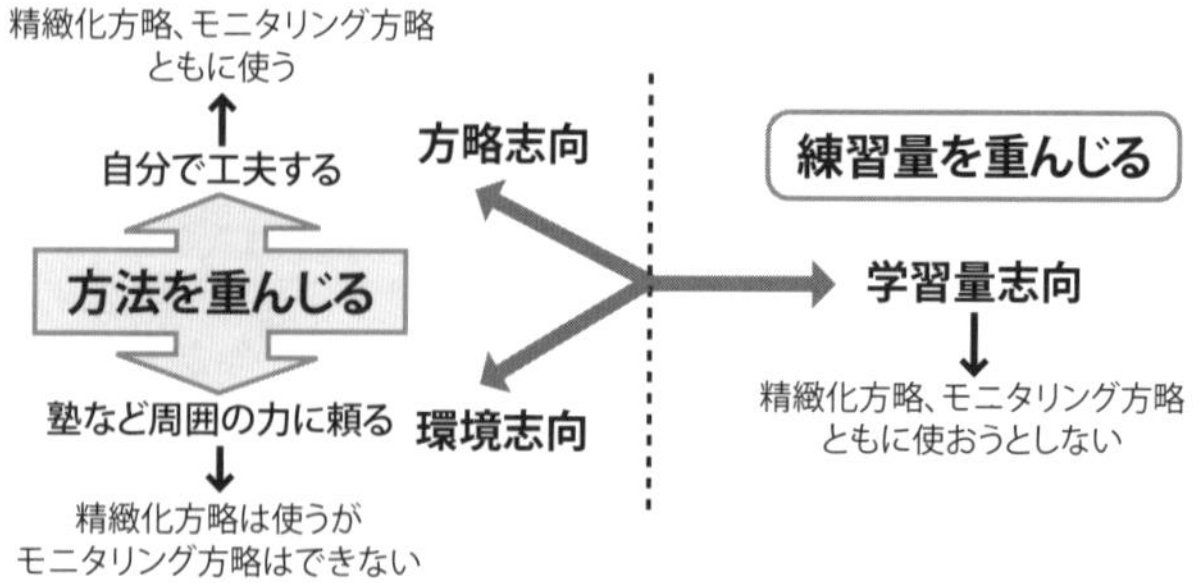

第6章

「技法」を提示する心理学

第6章のOUTLINE

理論を応用し臨床で役立てるための心理学

この章では、これまでの心理学理論を応用し、「心理療法」など臨床場面で役立つ心理学について、ご紹介する。

その際、外国から輸入されたセラピー（療法）ばかりでなく、日本特有の心理療法や、禅に根ざした心理療法についても多く触れる。

日本で考え出され、その実践が今なお受け継がれている心理療法は、当然「日本人向け」であり、個人的にも非常に効果的だと実感している。

一般的に、心理療法の技法は、具体的には臨床心理士などの有資格者が施すことになっているが、セラピーの考え方を知っておくことは、自分自身のメンタルヘルスを維持・向上させることにも非常に役立つはず

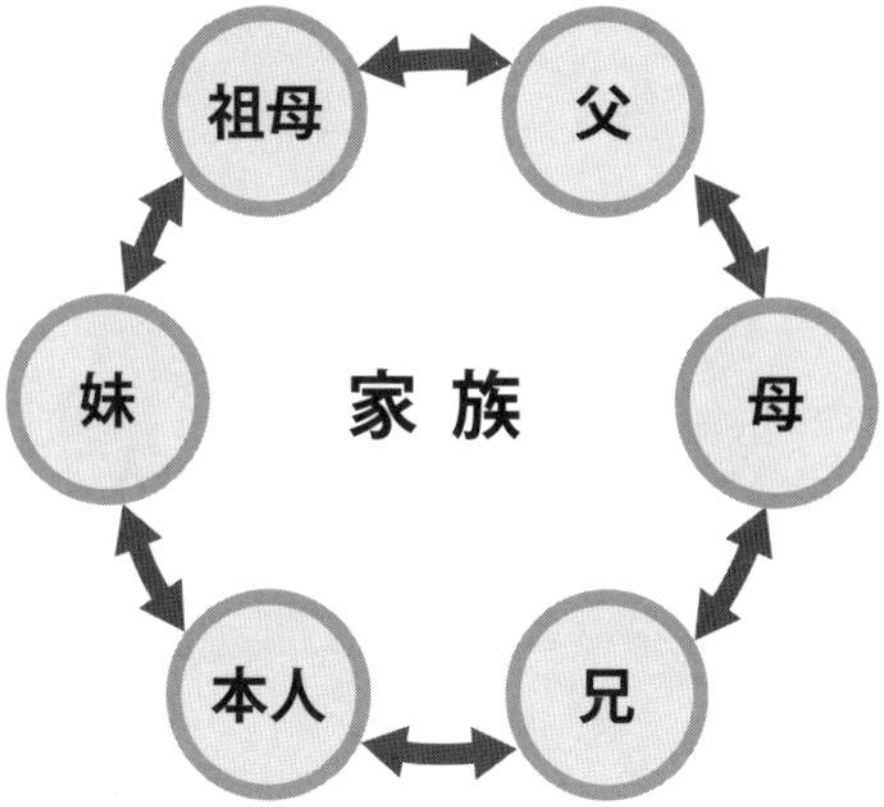

だ。

また、人間関係において、無駄なストレスをためない考え方を身につけることもできるだろう。

そして何より、これまで頭に入れてきた心理学の理論が、実際にどう応用されるのかを知ることによって、心理学全体に対してより深い理解が促され、記憶も長く定着するようになる。

私自身は「○○派」という流派にはあまり片寄らず、患者のタイプによってさまざまな心理療法を織り交ぜて使っているが、その中でもとくに近年、効果が高いことが実証されている心理療法を中心に紹介していこう。

技法01

「問題行動」を抑えるにはどうすればよいのか？

▼行動そのものにアプローチする「行動療法」

◉人の行動を三つの要素で説明する

第3章では、**セリグマン**の犬の電気ショック実験による「**学習性無力感**」について説明した。**行動療法**はこの理論に象徴されるように、人間の行動の大部分は後天的な「**学習**」によって獲得されたものとみなす治療法である。そして、学習とは**刺激**（stimulus）と**反応**（response）の結びつきによって成立し、その結びつきは報酬や罰などの**強化子**（reinforcer）によって強くなったり、消失したりするという考えに立脚している。

これを行動心理学では**SR理論**（Stimulus-Response Theory）と呼び、行動療法の基盤としている。カウンセラーはクライアントがどのような刺激のもとで、どのような反応を起こすのか、また、それを強化している要因は何かということを、入念に観察・診断して見立てを行なう。この、刺激・反応・強化子の関連のことを「**三項随伴性**」と呼び、まずはそれを客観的に捉えることが重要な仕事となる。

たとえば、「お金が目の前にある」という刺激のもとで、すぐに「それを盗む」

ＳＲ理論

という反応があらわれる子どもがいる。するとカウンセラーはその「S－R」を結び付けている強化子を探ろうとする。すると、それを強化しているものとして、「お金を持っていると友達ができる」という状況が浮き彫りになることがある。このように、起きている問題を極めてシンプルな枠組みで整理することから行動療法は始まるのだ。

◉注目するのはあくまでも「行動」

行動療法は、人の**行動**（behavior）、つまり反応（R）を変容させることのみに、治療の目的を絞っているところが特徴であるといえる。お金を盗む子どもの「感情」や、お金があると人気者になるという「信念」を深く探ったり、それを変容させようとしたりはしない。

極端な例を挙げると、**自閉症**を患う人に対して、自閉症という病気を治そうとするのではなく、「自閉症的な行動」をやめさせることに主眼を置くのである。つまり、変化の測定が可能なものを扱おうとすること、そして目に見える結果を出そうとすることを重視するのだ。行動を変容させるために用いる具体的な方法は、基本的には、先述した「**条件付け**」を応用することである。

この条件付けには、二種類の異なるものがある。

一つは「**レスポンデント条件付け**」と呼ばれるもので、これは有名な「**パブロフ**

の犬」の実験で見られるような学習である。同様のことは人間にも見られる。**ワトソン**は、幼児に白いもの（ウサギや白い髭のオモチャ）と嫌な金属音を同時に示すと、その幼児は白いものを見るだけで泣きだすようになることを報告している。

このような現象をカウンセリングに生かすとすると、たとえばクライアントが、「狭い部屋にいると**パニック**になる」という**恐怖症**を訴えたとき、カウンセラーはその症状があらわれるような状況を、過去に経験したのだと考える。

たとえば「子どもの頃にいたずらで冷蔵庫の中に入ったら、出られなくなった」というようなエピソードがあるのかもしれない。そして、「狭い場所に入る」というSと「入ると出られなくなる」というRが、クライアントの中で結びついたままなのだと査定する。

その場合は、「部屋に一人でいても（S）、自分がドアを開ければ外に出られる（R）」→「電車に長時間乗っても（S）、駅に到着するたびにドアは開く（R）」というように、具体的な場面を想定させながら、SとRが適応的な形で結びつくよう再学習させるための、**イメージ訓練**を行なう。パニック障害が重症の場合は、カウンセラーが共に電車に乗ったり、エレベーターに乗ったりして実地訓練を行なうこともある。また、**脱感作**と呼ばれる**リラクゼーション**（筋弛緩）を促しながら、イメージトレーニングを行なう訓練法（**系統的脱感作法**）も、古くから実施されている。

一口メモ

ジョン・ワトソン（John Watson　1878～1958）米国の心理学者。行動主義の創始者。1912年に行なった講演が、行動主義の最初の公式宣言といわれている。

二つめの条件付けは、「**オペラント条件付け**」と呼ばれるものである。これは、三項随伴性の中にある「強化子」の部分を変化させることで、S－Rの形を変えていこうというものである。強化子とは報酬と罰、つまり第3章で述べたような「アメとムチ」に相当するものだ。その項でも述べたように、行動療法においても人間に罰はほとんど意味をなさないと考えられることが多い。罰を与えても「では次に何をすべきか」という情報量が少なく、クライアントの意欲を失うことが多いため、実質的には報酬は与えても罰を与えない「アメとムシ方式」が用いられている。

たとえば、不登校の子どもの治療としては、①朝起き上がる、②朝起きてリビングに行く、③朝起きてリビングに行って朝食をとる、④朝起きてリビングに行って朝食をとり散歩する……、というように、好ましい行動を小さな段階に分け、それが成功するたびにカウンセラーに報告させ褒めたたえる。これが奏功することを、行動心理学では「**スモールステップの原理**」という。

カウンセラーは、できるだけ小さな報酬を順序だてて与え、最終的に「学校に通う」という大きな行動に至るまで根気強く強化を続ける。その際、「このクライアントにとっては、何が報酬と認識され、何が罰になるのか」見極めることに神経を使う。それを間違えたり、報酬を与える機会を逃したりしない限りは、明確な効果がすぐに見られる、すぐれた技法の一つである。

技法02

うつを招きやすい特有の考え方とは？

▼ものごとの見方を変える「認知療法」

一口メモ

アルバート・エリス（Albert Ellis　1913～2007）　米国の臨床心理学者。当初、精神分析家として活躍するが、後に論理療法を考案する。

◉人間は本当にS↓Rでいいのか？

前項の行動療法では、人間の行動の大部分は「**学習**」によって獲得されたとみなすことと、客観性・普遍性を強く指向していることに大きな特徴があった。したがって、クライアントの「**個別性**」は重視せず、感情や信念といった内面の記述には、あえて注意を払わない心理療法である。

ところが、行動療法が発展するに従い、従来の学習理論では説明がつきにくい現象が指摘されるようになった。

特に一九六〇年前後にさしかかり、**記憶研究**、**原因帰属研究**、**自己効力感研究**、**意欲の研究**といった人間の「**認識**」に焦点を当てる認知心理学が興隆してくるにつれて、**SR理論**には次のような疑問が沸き起こるようになった。

たとえば、①S（刺激）を提示してもR（反応）に変化があらわれなければ、本当に何も学習が成立していないのか、②もともとは、チンパンジーやマウスで観察された**三項随伴性**が、高度な認識を持った人間にも当てはまるのか、③適切な**強化**

エリスのＡＢＣ理論

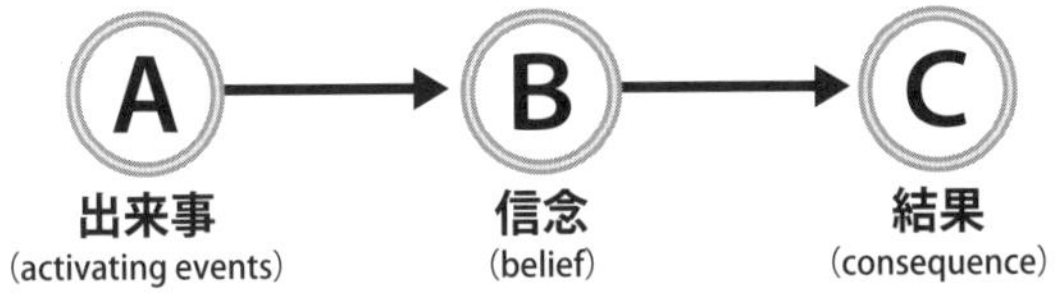

子によっても必ずしも行動変容が見られないケースがあるが、それはどう説明するのか、などSとRの間に介在している何か＝「**心のブラックボックス**」についての疑問である。

◉大切なのは、SとRの「間」にある

その頃、認知心理学者の**エリス**が、このブラックボックスを次のようなモデルで説明しようとした。それは「**ＡＢＣ理論**」と呼ばれるもので、SR理論に代わる新しい人間観として当時注目を浴びたものである。ＡＢＣの中のＡ（activating events）とは「出来事」のことであり、これはS（刺激）に相当する。C（consequence）は「結果」のことであり、これはR（反応）に相当することになる。

エリスは、このAがただちにCを引き起こす学習理論を否定し、個人個人の持つB（belief）、つまり「クライアントの考え方や信念」が重要であり、Aは必ずBを経由して、どのようなCをつくり出すかを方向付けると考えた。先述した原因帰属理論のように、同じように「テストの点が悪かった」というAが起きても、それを「能力がないから」というBに解釈するか、「勉強法が間違っていたから」というBに解釈するかで、Cが変わるということである。

そのため治療法としては、行動療法のようにSとRの関係についてカウンセラーが一方的に教示を与えるのではなく、AとCの間にあるBのあり方、つまり「**考え**

癖」についてクライアント自身の経験談などを傾聴し、カウンセラーがそれを是正する手伝いをするのが、「**認知療法**」や「**論理療法**」と呼ばれる比較的新しい心理療法のポイントとなっている。

一方、「伝統的な行動療法は**認知的要因**を完全に無視しているわけではない」という指摘も少なくない。たとえば、**系統的脱感作法**や**スモールステップ原理**では、イメージやリラックスといった形で、ある意味「認知的要因」を利用している。それに、本来の「行動（behavior）」の意味には、そもそも「認知（cognition）」も含まれていると指摘する研究者も多い。

実際の治療場面においては、エリスの重視する「B：クライアントの考え方」を傾聴しながらも、適切な行動と強化子との関連を、ある程度はカウンセラー主導で教示したほうが、その相乗効果で治療効果はより高まる。したがって、近年ではこの二つを分離させて使用することはほとんどなく、合わせて「**認知行動療法**」と呼び、両方の理論のすぐれた点を折衷的に使用するケースが大多数となっている。

◉ABCの次はDとE

認知療法では、Bには**非合理的な信念**（irrational belief）と**合理的な信念**（rational belief）の二種類があり、悩みを引き起こすのは非合理的な信念と考えている。ベックは、抑うつ的になりやすい患者には特有の考え方があることを指摘し

主な「非合理な信念」

1．一般化	
→たった１つの出来事を、「いつも」「みんな」と極端に広げて考える	
2．結論の飛躍	
→実は確かな根拠もないことに、カチンときたり自己嫌悪におちいったりする	
3．心の読みすぎ	
→相手のささいな行動に、いちいち理由をつけては傷つく	
4．先読み	
→ずっと先のことを、具体的に想像しては不安になる	
5．感情の重視	
→何となくわき起こった感情に振り回されて、これから起きる事態を予測する	
6．すべき思考	
→何かやろうとする時に「〜すべき」「〜すべきでない」の２者択一をする	
7．自己関連づけ	
→実はあまり関係ないことなのに、いちいち自分にひきつけて考える	

ている。

認知療法や論理療法では、この非合理的な信念を、合理的な信念に変えるよう、カウンセラーが「その出来事の証拠は？」「そう考える根拠は？」「みんなとは誰？」と、クライアントの歪んだ思考を徹底的に「D」＝dispute（**論駁**）する。そして、悪いことが起きそうな確率を具体的なパーセンテージで表現する「**思考記録表**」の作成などを、宿題として課すこともある。それによって、いつも事実に基づいたことだけを考え、論理的必然性を意識し、自分の気持ちを惨めにする考え方をしない、合理的な「E」＝effect（効果）を導くのだ。このようなトレーニングは、薬物投与のような一時的な効果とは異なり、クライアントのもつ**人生観**を根底から覆すこともあり、予後の精神疾患の再発率が薬物療法よりも低いことが特徴である。

技法03

気にするから具合が悪くなる…この悪循環から抜け出すには？

▼我執から離れるトレーニング＝「森田療法」

◉「とらわれ」と「はからい」の罠

森田療法を体系化した**森田正馬**は、自分自身の神経症的性格に長年悩んでいた。その自己観察を足がかりにしながら、とくに日本人特有に見られる神経質傾向を「**森田神経症**」と名づけている。

森田神経症の人は、几帳面、完全主義、羞恥心の強さを特徴とし、自己保守性、生への執着（向上欲求）の強さが顕著であるが、ちょっとした心身の不調に過敏に反応する傾向（**ヒポコンドリー性基調**という）が生じやすい。そして、その過度のこだわりによって自己注目と感覚が鋭敏に研ぎ澄まされてしまい、さらに心身が不調になるという悪循環が生じる特徴を持っている。気にするからもっと具合が悪くなる……、この悪循環のことを森田は「**精神交互作用**」と呼んでいる。

森田は、自身の症状との対峙によって心理療法を開発しているが、その基盤となったのは次のような個人的体験であるといっている。森田が医学部生だったとき、彼はひどい**神経症**を病んでおり、一日たりとも薬が手放せない生活を送っていた。

一口メモ

森田正馬（もりた　まさたけ　1874～1938）自ら神経症に悩んだ経験から、神経症の精神療法である森田療法を1919（大正8）年に確立。以来、日本だけでなく世界中にこの療法が普及している。

そんなある日、故郷の親がたまたま仕送りの郵送日を忘れてしまったというハプニングが起きる。彼はこのことにひどく胸を痛め、「自分はいよいよ親からも見捨てられた」と狼狽したという。そして、「これはとにかく勉強を重ねて首席で卒業しなければ、親に認めてもらえない。お金がないともう薬も買えなくなる」という焦燥感でいっぱいになった。

その出来事をきっかけに、彼は毎日毎日、勉強だけに全神経を傾けるようになる。出世して親を見返すとともに、自力でいくらでも薬を買えるようになるためだ。すると面白いことに、ある頃から、肝心の薬を飲み忘れて勉強に打ち込んでいる自分に気づくようになる。これまで「薬を飲まなければ……」ととらわれていた**脅迫観念**が、勉強へのエネルギー転換によってすっかり薄まっており、神経症的な症状も自然と治ってしまったという。

森田療法では、「**とらわれ**」とそれに対する「**はからい**（不安や発作を消そうとする努力）」こそが、精神交互作用を強めてしまう元凶とされているが、それはこのような彼の原体験に基づいたものであろう。また、**我執**を離れて「**あるがまま**」を受け入れようとする姿勢は、**禅**の影響を受けていると考えられている。

◉森田療法とはどういうものか？

先述した**認知行動療法**を適用するには、①クライアントがいろいろな感情的体験をしていて、ある程度人間的に成熟していること、そして、②カウンセラーとやり取りするための一定の知能レベル・言語レベルが揃っていることが必要となってくる。

しかし、森田療法にはそのようなハードルが比較的低く、また、他人に自己開示をすることを基本的に不得手とする日本人に向いていることが多い。治療では、心身を苦しめる症状をあるがままに受け入れるように促し、カウンセリング中は症状のことについて不問にする。その一方で、目的意識をもった生活や、自己向上のための具体的な努力について一緒に考え、それを実行させる中で、症状への「こだわり」と「はからい」から離れるように導いていくことを方針としている。

本格的な森田療法に従えば、構造化された約一か月間の入院治療が必要となる。入院中は、次の四つの期間を課すことになっている。

【絶対臥褥期】……個室で四～七日間を終日就床で過ごさせる。運動、談話、読書、テレビなどの気晴らしは許可しない

【軽作業期】……一～二週間、絶対臥褥を短くしつつ、外界の事物を眺めたり、身の回りの片付けをしたりといった軽作業をさせる。見聞きした事実を書く日記療法を開始し、カウンセラーがコメントを返す

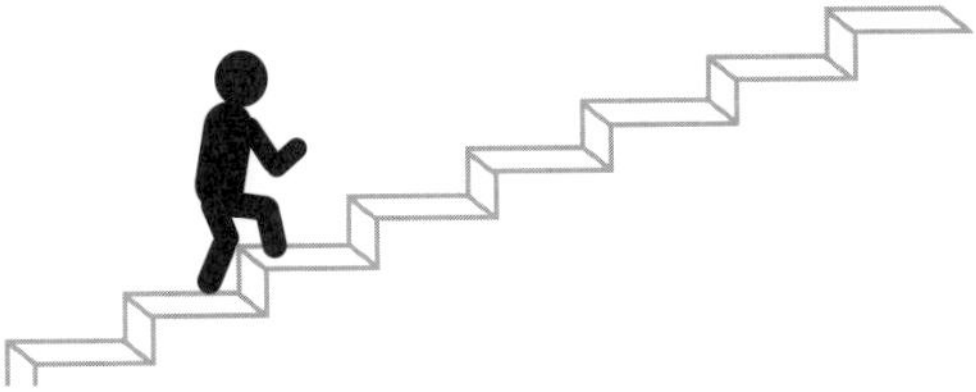

【重作業期】……一～二週間、睡眠時間以外は常に活動し、庭掃除や床掃除などの肉体的な重作業に専念させる

【社会復帰準備期間】……職場や家庭での仕事に即した、実際的な生活場面での作業に取り組ませる

現在、このような本格的な入院プログラムを行なう施設は数少ない。一般的な病院の**精神科**や**心療内科**では、カウンセラーとの「**日記療法**」（目に映るものをあるがままに日記に表現させ、カウンセラーは定期的に率直な感想を書いて返す。やり取りを通して、自分の症状にばかりとらわれず、外界のものをあるがままに受け止めることを習慣化させる）と、「**読書療法**」（たくさんの読書課題を与え、家でひたすらに読ませる。書いてあったことについて、カウンセラーとあるがままの感想を話し合う）を併用する**外来森田療法**が中心となる。

また、院内で作業を行なわせることが困難な事情もあり、ひたすらに廊下や階段を歩くことを課題として与える「**歩行訓練療法**」などを、**森田療法変法**として取り入れているところもある。

このような、「いま、ここでの作業」に集中させる心理療法は、**社会不安障害**や**強迫性障害**のみならず、**うつ病**や**心身症**などの周辺疾患にも効果があり、森田が創設した大正時代から今もなお、世界各国で幅広く取り入れられている。

技法04

自己中心的な考え方から脱却するには？

▼精神修養から生まれた「内観療法」

内観療法もまた、森田療法と同じくわが国独自の心理療法である。内観療法は浄土真宗の「**身調べ**」をもとに**吉本伊信**が確立した方法であるが、カウンセラーとの相互作用というよりは個人内の「**精神修養法**」を体系化したものといえる。吉本が「精神に栄養を与えるための基本骨格」として**内観三項目**を確立し、その考え方がしだいに精神医療の現場でも取り入れられるようになった。

内観療法では、自分についての三項目のことについて、内観（身調べ）で行なう。具体的には、自分の身近な母、父、夫または妻、子、先生などに対する過去の関わりを、①世話になったこと、②して返したこと、③迷惑をかけたこと、の三つのテーマに沿った具体的事実を、繰り返しひたすらに思い出していく方法である。

本格的には、内観道場に一週間とどまって実施する「**集中内観**」によって、次のようなプログラムを実施する。

外部からの刺激を遮断した、狭くて静かな屏風に囲まれた空間で、毎日朝六時から夜九時まで継続的に、前記の三つのテーマに関わる事実を、過去から現在まで三

一口メモ

吉本伊信（よしもと　いしん　1916～1988）　奈良県出身。浄土真宗による「見調べ」から宗教的な部分を払拭し、万人向けの「内観」として改革。刑務所や矯正施設でも採用され、学校教育、企業研修などにも普及した。

～五年刻みで思い出していく。そしてそれを、一～二時間ごとに訪れる面接者に手短に報告する。面接者は報告内容を否定することなく共感的に耳を傾け、次のテーマを「中学生の間に起きた、お父さんとの関係についての内観三項目」というように確認し、「お調べください」というように、静かに激励して立ち去る。

治療者には、毅然とした父性的構えと、いたわり慈しむ母性的役割の両方が求められる。また、森田療法と同じく症状や病理には触れず、内観のみに集中することを促し続ける。

内観療法の効果としては、まず近親者への恩愛感、そして自責感といった情動体験が見られる。そしてしだいに、「他者からはこのように大切にされた、他者のことをこう誤解させた」といった第三者の視点に気づき、それによって「自分が自分が」という**我執**から解放されることで、人格面の成長と協調性の高まりが認められる。一週間の集中内観は、参加者に大変な感激と高揚感をもたらし、**神経症**や**心身症**、**アルコール依存**、**うつ病**など、さまざまな病理が一掃される感覚を得ることができる。

しかし、その効果は半年ほどで消失し、元に戻ることも少なくない。集中内観での効果を持続させるためには、内観三項目を日常生活に取り入れ、一人で行なう「**日常内観**」を毎日の習慣とし、考えたことを記録し続けることが、病いの本格的治癒につながると考えられる。

技法05

心を見つめ直す究極の方法は？

▼身体からアプローチする「絶食療法」

断食を心理療法的に用いるのは、「**絶食**」という強い身体的ストレスを付加することで、神経系、内分泌系、免疫系などの生体機能調節の働きを一度リセットし、不適切な条件付けを修正する身体的なきっかけを与えるためである。私も**断食療法**を定期的に体験するようにしているが、空腹状態が慢性的になると、心理的に外的な刺激に興味を持てなくなり、自分への内省傾向だけがとても深まっていくことが感じられる。さらに、断食という極限状態を乗り切ることで、達成感や**自己効力感**を取り戻すという効果も少なくない。

隔離してゆっくりした時間を設けるという共通項をもつためか、治療者によっては、断食を**内観療法**や**森田療法**と併用することも少なくない。しかし、本来の断食療法は、これら二つの療法のように「**我執**へのとらわれ」から離れることを目的とするのではなく、むしろ反対に、普段自分のことを大切に考えられない人や、仕事などに忙殺されて自分を見失ってしまっている人が、あらためて自己に目を向けることを目的としているように思われる。

一口メモ

鈴木仁一（すずき　じんいち　1926～）循環器の医師であったが、後に心療内科に転じる。心身症の治療のために断食、温泉などの利用を研究する。

断食療法を、近代医学的な治療に用いたのは内務省栄養研究所の**高比良英雄**が初めてであるが、後に、**鈴木仁一**らが肝臓庇護を目的とした補薬を使いながら、一定のスケジュールに沿って進める東北大学方式の**断食療法**を体系化した。

まずは、クライアントの健康状態調査、本人に意欲があるか、精神状態はどうかといった精査を十分に行なった後、治療に導入できるかどうかが査定される。通常、一〇日間の断食期と五日間の復食期が設定されている。絶食期には、飲料水以外の飲食と服薬は禁止され、五〇〇～一〇〇〇mlの補薬が行なわれる。個室で行ない、面会や電話、テレビなどの気晴らしは禁止される。都会生活に慣れた人にとってはきわめて退屈であるが、五日目くらいからは、いつもは考えない自分の来し方行く末について、しだいに考えが巡りはじめるのを感じる。

復食期には、おもゆ、おかゆ、牛乳などで徐々に復食を進める。さらに、必要に応じて回復期が設定され、他の療法が併用されていた場合には、それにしたがって社会復帰への訓練、薬物療法の再開などが始まる。

特に過敏性腸症候群、慢性胃炎、緊張型頭痛などの**心身症**や、**うつ病**、**不安障害**にも有効であるが、一度の断食体験で人生がガラッと変わることはなかなか難しい。私のように予防的な意味で断食療法を定期的に取り入れるか、すでにうつ気分や**不安症**などが慢性化している場合は、**認知行動療法**などのカウンセリングをこれに併用することが多い。

メンタルヘルスを保つ自己暗示のひけつとは？

▼リラックスのコツをつかむ「自律神経訓練法」

◉ヨガの世界と自律神経訓練法

自律神経訓練法は、大脳生理学者**フォクト**の**臨床的催眠研究**に基づき、一九二六年にドイツの精神科医**シュルツ**によって技法が開発された心理療法である。これは、**ヨガ**の真髄をうまくつかみ、**リラックス**の方法を体得し、心身両面でのひずみを自己調整する方法として体系づけられている。したがって、病人に対する治療法としてのみでなく、万人が健康なセルフコントロールをし、**メンタルヘルス**を維持するためのすぐれた方法である。欧米諸国はもとより、日本でも、この方法が積極的に心理療法として取り入れられつつあり、カウンセラーが傍についての自律訓練を経て、自宅や外出先における単独での自律神経訓練法も一般化してきている。

米国ではかつて、**TM**（**超越的瞑想法**）と称するヨガの行法が、大流行したことがある。これは、朝夕二回静座して**マントラ**（呪文）をとなえて緊張を弛緩させるという簡単な方法だが、その効果としては、健康増進はもとより、能率向上、成績向上、人格の安定、人間関係の改善等、数々の効果があるといわれ、当時熱狂した

自律神経訓練法

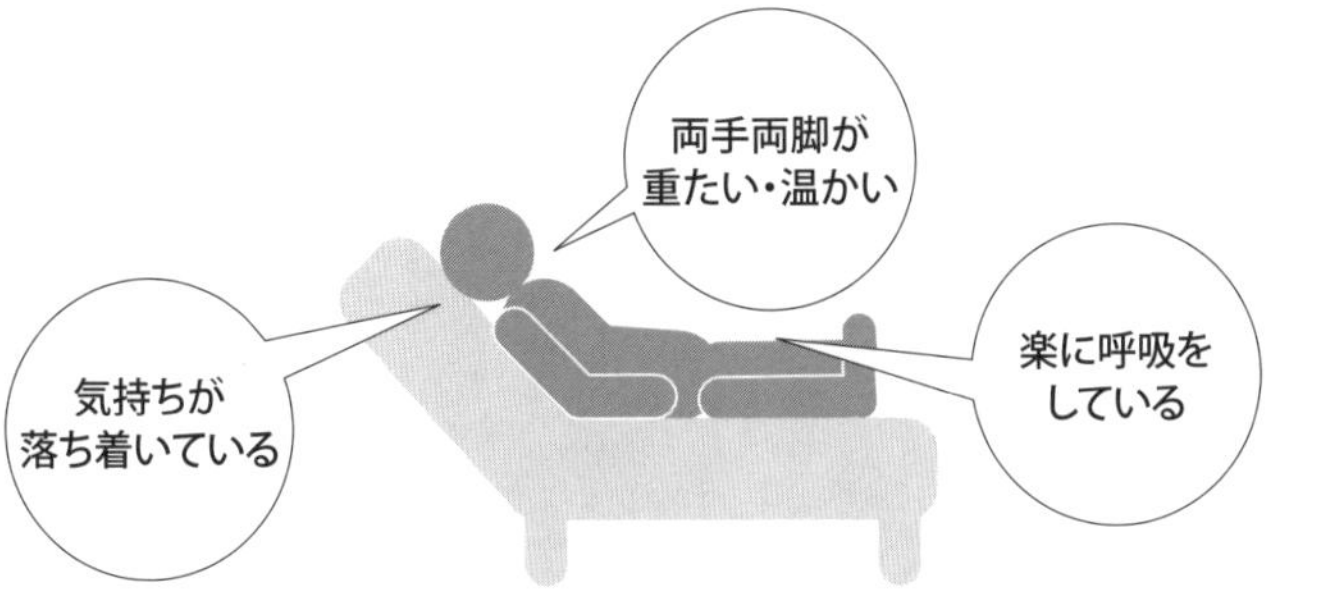
両手両脚が
重たい・温かい
気持ちが
落ち着いている
楽に呼吸を
している

人が多く、今でもまだ流行はすたれていないという。

しかし一方で、TMに代表される数々の**瞑想**は、米国的商法によって大流行をみたものの、科学的にはいろいろと議論の余地が残されている。

これに対して自律神経訓練法は、精神生理学に基づいて体系化されており、効果検証も十分に重ねられている。日本各地の医科大学をはじめ、公立の医療機関でも広く受け入れられている。日本で自律神経訓練の医学的研究に取り組んだごく初期の研究者としては、九州大学の**池見・佐々木**などのチームが有名である。九州大学の心療内科には、自律神経訓練法の国際センターが設けられているほどだ。特に佐々木は、日本独自の**禅思想**と自律神経訓練法の関係についての研究を重ね、ヨガ思想との関連よりも、「何にもとらわれず今を感じる」禅とのすりあわせを体系化し、この方法を日本人にもうまく定着させた第一人者だといえるだろう。

◉自律神経訓練法とは何か

自律神経訓練法を身につけると、次の六項目の効果を挙げることが実証されている。

①蓄積された疲労の回復が得られる
②イライラせず、おだやかになる
③自己コントロールができ、衝動的行動が少なくなる
④仕事や勉強の能率が上がる
⑤身体的な痛みや精神的な苦痛が緩和される
⑥内省力がつき、自己向上性が増す

前述したように自律神経訓練法は、もともとはフォクトの催眠研究を母体としてつくられているため、「**自己催眠法**」の一種であるとも考えられる。しかし、催眠法と自律神経訓練法はリラクゼーションに向かう方法が異なる。催眠では、睡眠に近い状態に陥るほど脳がボンヤリした状態になること、その暗示性が深いほどよいとされること、カウンセラーにある種の神秘性を感じ、完全に身を任せる受動性を持つことが、効果に至るための必要条件だと考えられている。

しかし、自律神経訓練法は、あくまでも本人の能動性を重視する。眠気に似た状態にはならず、むしろ頭をはっきりさせたままでリラックスすることを目指す。カウンセラーの指導を援用しながらも一歩一歩山頂に向かって登っていくように、段階的に練習を積んでいくのである。リラックスの「練習」をするとか、神経コントロールの「公式を体得する」といった能動的表現が自律神経訓練法ではよく使われるが、これが受動的な催眠療法との本質的な違いをよくあらわしている。

自律訓練法の公式とイメージ

公式	イメージ
背景公式	気持ちが落ち着いている。 （＋ゆるい日ざしをあびて野原に寝そべっている）
第１公式 （重感練習）	両腕両脚が重たい （＋重力にズンズンと手足が引っ張られる、落ちていく）
第２公式 （温感練習）	両手両脚が温かい （＋温かい温泉にゆっくり手足をつけ、湯をかき混ぜている）
第３公式 （心臓調節練習）	心臓が静かに打っている （＋手足の重さに伴うように、心臓も重く温かい）
第４公式 （呼吸調節練習）	楽に呼吸をしている （＋心臓の動きに合わせて、吸った息が楽に出せる）
第５公式 （腹部温感練習）	胃のあたりが温かい （＋吸った息が肺で温められて、お腹に流れ入る）
第６公式 （額部涼感練習）	額が涼しい （＋部屋を通り過ぎる爽やかな空気を、額がキャッチしている）

◉自律神経訓練法の実際

自律神経訓練法では、**自己暗示**の公式が簡潔に整理されており、筋肉弛緩への生理的な流れに沿って一段階ずつコツを習得するように体系化されている。

はじめは、ベッドやソファで仰向けに寝たクライアントに、カウンセラーが様子を観察しながら、公式を静かに告げる。次第に、それが一人でもどこでもできるようになることを目指す。上表のカッコの中は、この療法の初心者に対して、私が加えることの多いイメージ補助である。また私自身、この訓練法をほぼ毎日、朝夕行なっているが、イメージを頭に浮かべると筋弛緩と安らぎをすぐに感じられる。

この暗示を体得することによって、身体の末端や内臓温度が実際に上昇し、心身両面ともに安定し頭がはっきりする。何より「自力でリラックスできる」ということは、自信につながるのだ。

技法07

カウンセラーに求められるクライアントとの関係は？

▼臨床心理学に多大なインパクトを与えた「クライアント中心療法」

◉崇高な心の光を見つけ出す

心理学の第三潮流と呼ばれるものに、**人間性心理学**（humanistic psychology）というものがある。創始者の**マズロー**は、人間の内面性を、病理ではなくその「健康な側面」に焦点を当て、「**自己実現**した人間」、すなわち自らの可能性を存分に発揮し、それを実現できるようになるための心理学の研究に取り組んだ。

自己実現のための基本的要件は、①病気から開放されること、②基本的欲求（生理的欲求、信頼欲求、所属欲求など）の充足、③自己の能力を積極的に活用しようとすること、④賞罰ではなく内発的価値に動機づけられて生きること、この四点を満たそうと努力することであると述べている。

なお、心理学の第一潮流は**深層心理学**である。これは人間の内面深部に光を当てようとした点は評価されたものの、性の抑圧などの病理的な側面に偏重している。また、第二潮流といわれる**行動主義心理学**は、その科学性・普遍性は評価されたものの、個人の内面理解の点では不十分であると指摘されてきた。

一口メモ

トランスパーソナル心理学　人間性心理学における自己超越の概念をさらに発展させ、人間の究極的な目的として、個を超える領域への精神的統合を重んじる心理学。

人間性心理学はこれらを超え、人は自己実現を通して「**至高体験**」を目指し、人生でこの上なく幸福な絶頂の体験を感じることができるはずだと考えた。この考えに後押しされる形で、一九六〇年代のアメリカでは**人間性回復運動**（human potential movement）が勃興した。心理学の技法を駆使することによって心身の開放を試み、至高体験を得ようとする運動が流行したのである。これが発展した**トランスパーソナル心理学**（transpersonal psychology）では、生きる実感の欠如や空虚感といった現代的な心の問題は、このような自己超越、天命、宇宙との一体感の存在を想定し、個人の認知や行動などの次元を超えた新次元へと立ち入っていかなくては対処しえないと考えられるようになった。

◉正解はクライアントが知っている

このようにして、しだいに過激さを増していった人間性心理学であったが、臨床面で最も現実的な功績を残したのは、**ロジャーズ**の**クライアント中心療法**（client-centered therapy）であろう。ロジャーズが**臨床心理学**一般に与えたインパクトとしては、医療行為から独立した領域としての**心理セラピー**行為の確立に寄与したこと、カウンセラー－クライアント間の関係そのものが持つ**治癒力**を強調したことなどを通して、心理療法の知見を大衆化させた点が挙げられるだろう。そして、ロジャーズの一貫した考えは、

①問題解決そのものを直接目指すのではなく、自立した人間性への成長を目指す
②すべての有機体は自己実現傾向、自己治癒力をすでに持っている
③何が問題なのか、どこへ向かえばいいのかを知っているのはカウンセラーではなくクライアントである。したがって治療中はクライアントの進むプロセスを信頼するべきだ

といったものである。これらの考え方に基づいたロジャーズの心理療法論の中核を占めるのは、一九五七年に発表された「**治療的人格変化の必要十分条件**」であろう。そこでは、

①二人の人間が心理的に接触している
②クライアントは感情と行動が不一致の状態にあるが、カウンセラーは一致している
③カウンセラーは、クライアントに対して「無条件の肯定」を配慮している
④カウンセラーはクライアントを共感的に理解しており、それを伝えようとしている
⑤カウンセラーの無条件の肯定的配慮と共感的理解が、クライアントに伝わっている

このような条件が満たされていないと、クライアントが本来持っている自己治癒力が働かなくなると唱えられている。逆に、これらの条件が満たされていれば、ク

一口メモ

カール・ロジャーズ（Carl R.Rogers　1902～1987）米国の臨床心理学者。クライアントとカウンセラーとの親密な関係を重視し、非指示的カウンセリング、クライアント中心のカウンセリングを主張する。

ライアントには治療的人格変化が生じるとされる。

◉技法の前提としての必要条件

多くの人を感嘆させたのは、ロジャーズがこうしたカウンセラー側の態度条件について、それは「必要」であるばかりでなく、それさえあれば「十分」なのであり、こうした態度に比べれば、専門的な知識や診断、学歴や資格などは、なんら本質的重要性を持たないと、あえて明言した点である。

これは即「診断無用論」と解されるべきではないと思うが、しかし、専門的技術よりもカウンセラーの人間的態度を最優先するロジャーズの考えは、どのような心理療法を組み合わせてクライアントに接するときも、常に頭に置いておくべき重要な視点だろう。

彼の理論は「治療法の開発」ではなく道徳に過ぎないという批判も少なくない。しかし、このアプローチが臨床心理学全体に与えるインパクトは大きい。治療関係におけるパワーは可能な限りクライアントにおかれるべきだという考え方は、しばしば暗黙の前提とされがちな、**心理療法家**の権威性や専門性といったものを疑い、留保させる視点を絶えず提供してくれるからだ。

技法 08

内面へのアプローチがスムーズになる方法とは？

▼カウンセラーとの関係を円滑にする「絵画療法」

◉絵を描くことのメリット

描画は、言語にあらわしにくい微妙なニュアンスを**イメージ**として表現することができるので、言葉の使用が困難なクライアントや小さな子どもなど、適用範囲が広い。また、作品として残るので、時間が経過しても客観的に距離をもってカウンセラーと振り返ることができるメリットがある。

さらに、表現すること自体に**カタルシス効果**（**心の浄化効果**）、ストレス発散、内面の表出などがある。そして、何気なく絵を描きながらカウンセラーと話すという作業は、面と向かって悩みについてカウンセリングをするよりも、明るく自然な会話がすすむことが多い。

しかし、実際の臨床場面における描画の使用法は、それ自体が治療法というよりは、クライアントのことを知るための**アセスメント**（**見立て**）の足がかりとして、カウンセラーのほうがヒントにすることが多いだろう。

一口メモ

中井久夫（なかい　ひさお　1934～）　奈良県生まれ。精神科医。失語失調症が主な研究テーマ。スクウィグル技法を日本に紹介したほか、独自の風景構成法を考案した。

◉アセスメントとしての絵画法

アセスメントにはクライアントにとってハードルが高くないという理由から**樹木画テスト**（Baum test, Tree drawing test）が、よく使われる。樹木画テストは、スイスの産業カウンセラー**コッホ**によって考案された投影法の一つで、木の幹、枝、実、描く位置、余白の位置などで、描き手の情緒状態やパーソナリティ傾向がわかるとされている。加えて、描き手の有するある程度の知能レベルも推定される。

この他にも、**HTPテスト**（House Tree Person test）も、伝統的な絵画アセスメント法の一つである。アメリカの**バック**が考案した、家・木・人をA4用紙各一枚にそれぞれ描く方法と、一枚の紙上に家・木・人をすべて描く「**統合型HTP**」、そして、この発展系として、家・木・人・その反対の性の人を描く**HTPP**なども開発されている。

より直接的に「人物」を描かせてパーソナリティをとらえようとする**人物描画投影**（**DAT**：Draw a Person）テストも、有用なアセスメント法として評価されているが、現状としては、人物だけを描くことに抵抗を示すクライアントも多い。その場合は、上記の樹木画テストやHTPテストのほうが向いている。ほかに、家族で何かをしている場面を描かせる「**家族描画法**」、家族を動物に見立てて描かせる「**動物家族画**」など、多種多様なものがある。

精神疾患になるような人は、基本的には几帳面で完璧主義な人が多い。だから白

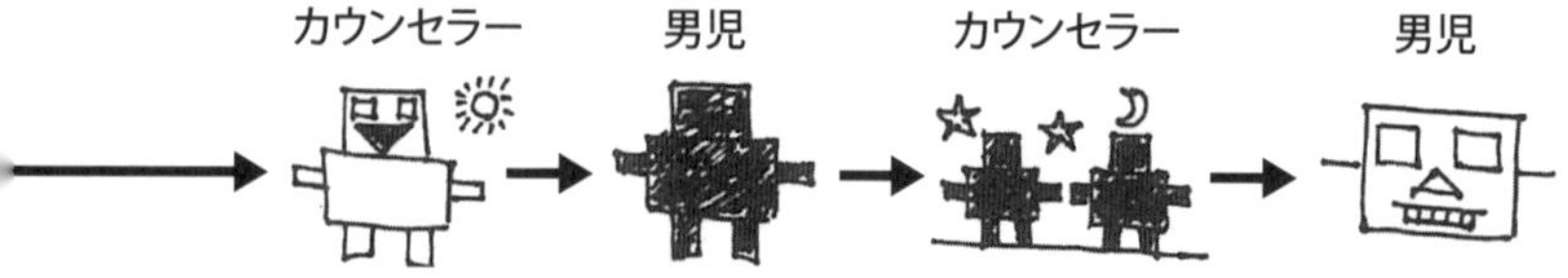

い紙を前に、クライアントのしぐさに少しでも拒絶反応がないかどうか、カウンセラーは敏感でなければならない。モチーフを完全に自由にしたり、描くこと自体をいったんやめるといった、かなり柔軟な切り替えが必要となる。

そういう意味では、**中井久夫**の「**風景構成法**」は使いやすい。自然の風景を描く教示一〇項目を、細かくカウンセラーが一方的に教示してしまうのだ。風景構成法は、「川・山・田畑・道・家・木・人・花・動物・石」という順序で紙を埋めてもらうのだが、最終的に一つの風景として、絵が次第に完成していくワクワク感が得られるよう配慮されている。そして、クライアントが望めば、必要に応じて足りないものを書き加え、クレヨンなどで彩色していく。この方法は、描かれたもの一つひとつの要素と、その構成面の両方からクライアントの心にアプローチしていくことができるため、話すことが苦手そうな人や子どもには導入部分で利用することが少なくない。

◉心理療法としての描画法

ただし、アセスメントを描画法のみで行なうことはもちろん危険であろう。分析者の主観的な判断要素が反映されやすく、客観性が薄いため、他の心理検査と組み合わせること（これを**テスト・バッテリー**という）、さらにクライアントの背景をしっかり把握しておく必要がある。

スクウィグル技法の一例

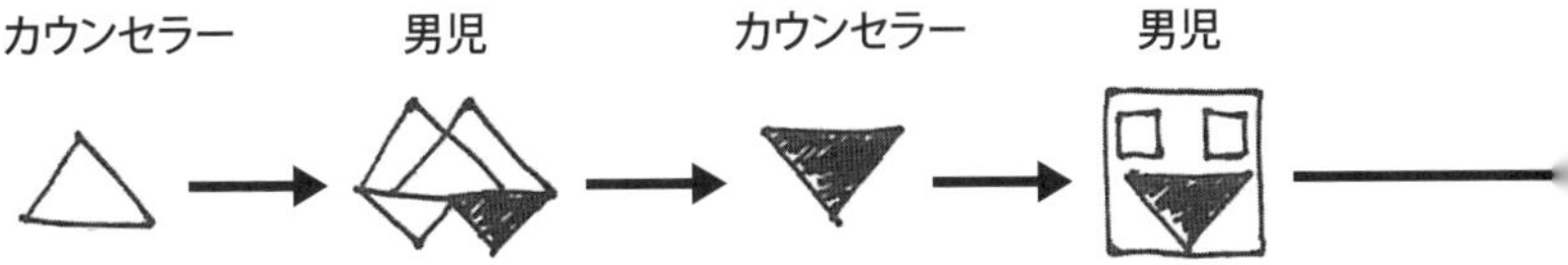

イギリスの小児科医の**ウィニコット**が開発した、**スクウィグル技法**（squiggle method）は、特に子どもとのカウンセリングの場で役立つことが多い。スクウィグルとは「殴り描き」という意味であるが、カウンセラーとクライアントが交互に殴り描きをして、見えたものを絵にしていく技法である。

たとえば次のような例だ。私が小さな二等辺三角形を描いたら、ある子どもはそれを「牙」ととらえ、たくさんの三角を横並びに書き加え、口の輪郭を描いた。「何の動物？ 怖いのかしら？」と尋ねると、「やさしいに決まっているよ！」と叱られ、私は小魚の輪郭をその口の周囲に書き加えた。こうした作業を笑いながら続けるうちに、クライアントが「家のお兄ちゃんもママにやさしくしてあげたら嬉しいのにね！」といった内面的なことを、突如自発的に口にすることがある。カウンセリング方式では不可能だった、子どもの内面へのアプローチが可能になる優れた方法だと思う。

精神疾患で入院している患者が相手の場合でも、「暇つぶしに」とスクウィグルに誘ってみると、繰り返しているうちに**ラポール**（カウンセラーへの安心感）が形成され、これまで黙っていた本音をどんどん吐露してくれることがある。すると、その後の本格的な**認知行動療法**などがスムーズに行なえるのである。絵画療法は、それ自体に強い結果は望めないとしても、他の心理療法の治療促進効果を持っていると考えられる。

家族全体がカウンセリングの対象となることもある？

▼システムにアプローチする「家族療法」

◉心理疾患は家族にあるという考え方

家族療法とは、家族を一つのまとまりを持ったシステムとみなし、その「**家族システム**」を対象としてカウンセラーが関わっていく、**システムアプローチ論**に基づいた心理療法である。システムアプローチとは、家族という集団を、個人と社会との間に介在する「一つの固有なシステム」（独自の機能と文化をもち、それらの恒常性を維持しようとしながらも、内外の変化に対して変容し続ける、婚姻と血縁とで構成されたシステム）と見なすことである。

つまり、何か心理的問題を抱えた「個人」はもとより、個人を取り巻く家族関係や家族員全体を対象とするのが特徴である。家族自身の力で問題解決していくことを援助するための心理療法であるともいえる。カウンセリングには、関わりのある家族にできる限り参加してもらい、カウンセラーはしばしば司会役のように問題の解決に焦点を当て、家族の中にある問題解決能力を引き出していくのが基本的な方法である。

円環的因果関係

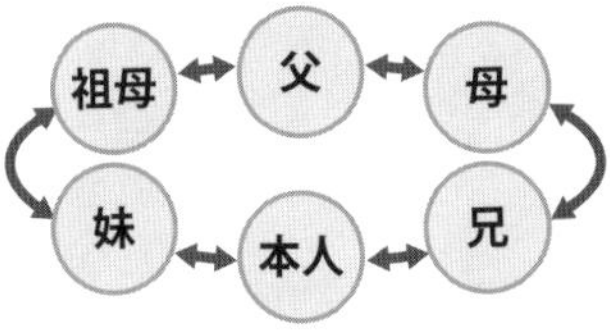

たとえば、不登校になってしまった子どもがクライアントである場合、家族療法ではその子どもに焦点を当てて心理療法を施すことはない。家族の中で、このクライアントは「たまたま症状を発した人」、または「患者とみなされた人」と定義される。これを**心理疾患という役割を担わされた患者**（Identified Patient：**IP**）と考え、このIPだけの問題として捉えるのではなく、IPがよりよく機能できるように、家族全体のシステムの問題として捉えることを重視する。

家族という生きたシステムの中では、ある現象が何らかの原因にもなり、また、結果にもなるという因果関係の円をつくっている。たとえば、子どもの不登校という現象は、夫婦間が上手くいかないという母親のストレスが原因になることもあるし、またこの不登校という子どもの現象が、夫婦の関係をさらに悪化させることにもなりうる。このように、一人の変化が家族システム全体の変化をもたらし、また家族システム全体の変化が、一人の変化をもたらすのである。

原因と結果が円のようにグルグルと周り、相互に関係し合うことを、**円環的因果関係**という。

「問題を抱えた子がいる自分の家族は、やはり問題があるんだろうか？」「なぜこの子だけが学校に行けないのか、お兄ちゃんは何の問題もないのに……」といった質問をよく受けるが、家族システム論の考え方にのっとれば、不登校になってしまった子どもが悪いわけでも、両親にだけ問題があるわけでもない。たしかに、学校に行けない子より、行けている兄のほうが問題がないように見えるかもしれないが、この不登校になった子は、家族という「円」がより丸くなるように、そしてそれが潤滑に回るように、声にならない声を出しているのである。その声を聴いて、家族全体がよりよく機能できるように介入していくのが家族療法である。

◉家族療法の実際

カウンセラーは、基本的に**クライアント中心療法**の構えを家族全員に対してとり続け、一人ひとりの話や、親子間の対話などを共感的に傾聴する。ただし、システム論をこれに取り入れるためには、

①システム内で生じる関係のパターンをとらえること（誰が話し始めて、誰が黙るのか等）

②システムの持つ構造をとらえること（家庭内のヒエラルキーはどうなっているか等）

という二点に注意を払い、家族の持つ形を把握しながら分析していくことが必要となる。

よって、ＩＰの訴える症状をシステムとの関連でとらえ（これを「**円環的見方**」という）、システムを全体としてとらえる中で、たとえば「親子の寝室を分けてみましょうか」「休日も全員同じ時間に起きましょうか」「食事時間を決めてみましょ

一口メモ

ミラノ派家族療法　ＩＰの訴える症状が家族システムの維持に役立っていると認め、家族に対しても現状の維持（症状が続くこと）を勧める。これに対して家族は困惑するが、その動揺こそがこれまでの家族の関係や悪循環を壊し、新たなシステムの再編成を促すきっかけとなる。

うか」「カレンダーを各部屋に飾りましょうか」「家事分担を決めましょうか」といった、システムそのものが変化する可能性のある提案を、いくつか投げてみる。

それによって、問題は家族の形にこそ存在するという実感をわかせ、さまざまな問題は家族が影響しあう相互関係の中で捉えるべきだという意欲がわくように仕向ける。そして、「誰のせいでこうなった」といった「原因探し」「犯人探し」を行なわず、過去の原因を探すより、今ここ、またはこれからのことに注意を向けていくように指導する。

この家族療法は、従来の対個人療法と比べると、**因果論的治療**と完全に決別しており、個人の人格的変容を第一義に扱わず、システムの変容の結果としてのＩＰの症状の消失・軽減を第一目標に掲げている点に特徴があるだろう。

以上が家族療法の柱となっているが、細かな技法としては、「**構造派家族療法**」「**戦略的家族療法**」「**ミラノ派家族療法**」「**多世代家族療法**」「**心理教育的家族療法**」など、多様なものが海外で提案されている。いずれにしても、システムに介入すると治療効率がよく、短期に解決するケースが多い。日本でも、旧来の家父長制度や男尊女卑、先祖崇拝主義にとらわれない、夫婦・子どもが平等である円環的家族観が定着し、欧米的家族システムが構築されつつある。今後、わが国独自の家族療法が展開されていくことが期待される。

Column

あなたは客観的発想ができますか？

次の文を読んでみて欲しい。「I like the dogs and the c ■ ts.」

あまり躊躇することなく、「I like the dogs and the cats.」と読めるのではないだろうか。厳密には■の中は不明のはずだが、だからといって「これは自分には読めない」とは思わない。「cats」という単語をすでに知っているがゆえに、脳がブラックボックスの部分に「a」のスペルを自動的に補い、勝手に「cats」と読みとり、そこで納得してしまう。

第６章で触れてきた「ステレオタイプ」はこうして起きる。脳は初対面の人間を客観的に分析するようにはつくられていない。いくら自分は客観的だと思っていたとしても、コンピュータのようなボトムアップ型（データ駆動型）の処理は、ほとんど行なっていないことが実験でも示されている。むしろ私たちは、常にトップダウン型（理論駆動型）にモノを見ていることが、心理学では常識となっているのだ。

もしも単語の知識がまったくなければ、いつまでもこの一文を眺め、■に何が入るか、さまざまな想像や推理を働かせるはずだ。つまり、トップダウンで片付けずに、ボトムアップ的にも考えてみるはずである。ところが生半可に知識がある大人は、「まあ、大体こんなもの」という具合に判断を下し、その先はもう考えようともしない。教育心理学ではこれを知識の「構え」というが、その賢さがかえって想像の自由度を小さくし、単眼的で味気ない生活を招く。

さくいん

き

く

け

こ

さ

し

す

せ

そ

た

ち

つ

て

と

な

参考文献

第１章

Edward T. H.（著）日高敏隆・佐藤信行（訳）(1980)
『The Hidden Dimension －かくれた次元』みすず書房

Hebb,D.O.（1968）concerning imagery. Psychological Review,87,112-132

Milgram.S.（著）, 山形 浩生（訳）(2008)『服従の心理』河出書房新社

第２章

Asch,S.（1946）Forming impressions of personality. Journal of Abnormal and Social Psychology, 41, 258-290.

Bandura,A（1997）Self-efficacy: The exercise of control. New York: Freeman.

Baron, J.（2000）Thinking and deciding（3rd ed.）. Cambridge University Press.

Bensley,D.A.（1998）Critical thinking in psychology: a unified skills approach. Brooks/Cole.

Brehm,J.（1966）A Theory of psychological reactance. Academic Press.

Darley, J. M., & Latané, B.（1968）Bystander intervention in emergencies: Diffusion of responsibility. Journal of Personality and Social Psychology, 8, 377–383.

Forer, B. R.（1949）The fallacy of personal validation: A classroom demonstration of gullibility. Journal of Abnormal and Social Psychology, 44, 118-123.

Ingham, A.G., Levinger.G., Graves, J., & Peckham, V.（1974）The Ringelmann Effect: Studies of group size and group performance. Journal of Experimental Social Psychology, 10, 371-84.

Jourard,S.M.（著）岡堂哲雄（訳）(1974)『透明なる自己』誠信書房

Keizer K. S. Lindenberg L.S.,（2008）The Spreading of Disorder
University of Groningen in Groningen.

Kelling G L. & Catherine M. C（著）, 小宮 信夫（訳）(2004)
『割れ窓理論による犯罪防止―コミュニティの安全をどう確保するか』文化書房博文社

清河幸子（2002）「表象変化を促進する相互依存構造：
課題レベル―メタレベルの分業による協同の有効性の検討―」認知科学, 9, 450-458.

Loftus, E.F. & Pickrell, J.E.（1995）The formation of false memories. Psychiatric Annals, 25, 720-725.

McHugh, P.R (2008) Try to remember: Psychiatry's clash over meaning, memory and mind. Dana Press.

森直久（1995）「協同想起事態における想起の機能と集団の性格」

心理学評論 ,38.107 － 136.

Murray,H.A.（1938）Exploration in personality :A clinical and experimental study of fifty men of college age. Oxford University Press.

仲真紀子（2002）「対話行動の認知」／
井上・佐藤（編）『日常認知の心理学』（pp.147 － 167）北大路書房

Nisbett, R E. & Timothy D.W (1977) The halo effect: Evidence for unconscious alteration of judgments". Journal of Personality and Social Psychology, 35 , 250–256.

Richard H. S. & Ted K.（著），防犯環境デザイン研究会（訳）（2006）
『犯罪予防とまちづくり―理論と米英における実践―』丸善

Rosenthal, R.（1991）Essentials of Behavioural Research: Methods and data analysis. The McGraw-Hill Book Co.

Snyder,M（1974）The self-monitoring of expressive behavior. Journal of Personality and Social Psychology, 30, 526-537.

第３章

Abramson, L., Seligman, M.E.P., & Teasdale, J.D.（1978）Learned helplessness in humans : critique and reformulation. Journal of Abnormal Psychology, 87, 49-74

Andersson, J. & Ronnberg, J.（1996）Collaboration and memory: Effects of dyadic retrieval on different memory tasks. Applied Cognitive Psychology, 10, 171 － 181.

Asch, S. E.（1955）. Opinions and social pressure. Scientific American, 5, 31-35.

Bransford, J.D., Barclay, J.R. & Franks, J.J.（1972）Sentence memory: A constructive versus interpretive approach　Cognitive Psychology,　3,193-209.

Bransford,J.D. & Johonson,M.K.（1972）Contextual prerequisites for understanding: Some investigations of comprehension and recall, Journal of Verbal Behavior,11,717-726.

Deci, E. L.（著），石田梅男（訳）（1985）『自己決定の心理学』誠信書房

Deci, E. L. & Ryan, R. M.（1985）. Intrinsic motivation and self-determination in human behavior. Plenum.

Godden,D.R. & Baddeley,A.D.（1975）Context-dependent memory in two natural environments: On land and under water. British Journal of Psychology, 66,325-331.

市川伸一（2001）『学ぶ意欲の心理学』PHP 新書

稲垣佳世子・波多野誼余夫（1989）『人はいかに学ぶか : 日常的認知の世界』中公新書

Loftus, E.（1993）The Reality of Repressed Memories. American Psychologist. 48, 518-537.

Loftus, E & Ketcham K（著）仲真紀子（訳）（2000）『抑圧された記憶の神話』誠信書房

岡田涼・中谷素之（2006）「動機づけスタイルが課題への興味に及ぼす影響
―自己決定理論の枠組みから―」教育心理学研究 ,54,1-11.

Seligman, M.E.P. & Maier, S.F.（1967）
Failure to escape traumatic shock. Journal of Experimental Psychology, 74, 1-9.

Skinner B.F.（1938）The behavior of organism. Applenton.

Tulving, E. (1983) Elements of Episodic Memory. Clarendon Press.
太田信夫（訳）『タルヴィングの記憶理論』教育出版

William T. O'Donohue. & Kyle E. Ferguson.,（著），
佐久間 徹（訳）（2005）『スキナーの心理学―応用行動分析学（ABA）の誕生』二瓶社

第４章

Ainsworth,M.D.S., Blehar,M.C., Water,E., & Wall,S.（1978）Patterns of attachment: A psychological study of the strange situation. Lawrence Erlbaum Associates.

Bem,D.J.（1972）Self perception theory. Academic Press.

Brazelton, T.B., Kozlowski,B ,Main,M（1974）The origins of reciprocity in mother-infant interaction .In M.Levis（EDs.）The effect of the infant on its caregiver. Wiley

Erikson, E. H.（1968）Identity : youth and crisis W. W. Norton,

Gick, M.L. & Holyoak, K.J.（1980）Analogical problem solving Cognitive Psychology, 12,306-355.

池上知子・斎藤照代（1999）「学歴ステレオタイプの構造とその影響に関する一考察」
愛知教育大学研究報告（教育科学），48, 81-88.

石野陽子（2007）『母親が子どもに抱く罪障感の心理学的研究』風間書房

岩男卓実（2005）『カテゴリーに基づく帰納推論の認知過程』風間書房

岩男卓実・大西仁（2001）『帰納推論と類似性』／大西仁・鈴木宏昭（編著）
『類似から見た心』共立出版

Kohler,W.（著）宮孝一（訳）（1917）『猿人類の知恵試験』岩波書店

Lawler, R. W.（1985）. Computer Experience and Cognitive Development: a child's learning in a computer culture. Ellis Horwood.

Marcia,J.E.（1966）Development and validation of ego-identity status. Journal of personality and Social Psichology,3, 551-558.

正高信男（1993）『0歳児がことばを獲得するとき―行動学からのアプローチ』中央公論社

松本文隆・伊東祐司・小谷津孝明（1983）
「テキスト記憶からの検索」 慶應義塾大学大学院社会学研究科紀要 ,3, 61 − 75.

越智啓太（1998）「目撃者に対するインタビュー手法―認知インタビュー研究の動向―」
犯罪心理学研究 ,36,49 − 66.

岡田努（2007）『現代青年の心理学―若者の虚像と実像』世界思想社

大野久（2007）「現代青年の自己意識と生き方」／落合良行・楠見孝（編）「講座・生涯発達

心理学第 4 巻　自己への問い直し－青年期」 pp.89 － 123. 金子書房

Parten,M.（1932）Social participation among pre-school children. Journal of Abnormal and Social psychology,27,243-269.

Rudman, L. A. & Borgida, E.（1995）The afterglow of construct accessibility: The behavioral consequences of priming men to view women as sexual objects. Journal of Experimental Social Psychology, 31,493-517.

Ruscher,J.B. & Duval,L.L.（1998）Multiple communicators with unique target information transmit less stereotypical impressions. Journal of Personality and Social Psychology, 74, 329-344.

寺尾敦・市川伸一・楠見孝（1998）「数学学習における誤りからの「教訓帰納」の内容と学業成績との関係についての実験的事例と考察」日本教育工学会論文誌 , 22,119-128.

Williams,M.D. & Hollan,J.D.（1981）The process of retrieval from very long-term memory. Cognitive Science, 5, 87-119.

第５章

Atkinson, J.W.（1964）An Introduction to Motivation. Van Nostrand.

Bandura,A.（1977）Self-efficacy: Towared a unifying of behavior change. Psychological Review,84,191-215.

Bandura,A. & Schunk,D.H.（1981）Cultivating competence, self-efficacy,and intrinsic interest through Proximal Self-Motivation. Journal of Personality and Social Psychology,41,586-598

Craik, F. I. M. & Lockhart, R. S.（1972）. Levels of processing: A framework for memory research. Journal of Verbal Learning and Verbal Behavior, 11, 671-684.

Eysenck, H. J.（1963）The Psychology of Politics. Routledge & Kegan, fourth impression.

Eysenck.H. J. & Kamin. L.（著），齋藤和明（訳）(1980)『知能は測れるのか―IQ 討論』筑摩書房

藤田哲也（編著）（2007）
『絶対役立つ教養の心理学　人生を有意義に過ごすために』ミネルヴァ書房

倉石精一・続有恒・苧坂良二・塩田芳久（1967）『現行知能検査要覧』黎明書房

Lazarus,R.S.& Folkman,S.（著）本明寛（監訳）（1991）
『ストレスの心理学 認知的評価と対処の研究』実務教育出版

松原達哉（2002）『心理テスト法入門-基礎知識と技法習得のために』日本文化科学社

Miller, G. A.（1956）The magical number seven, plus or minus two: Some limits on our capacity for processing information. Psychological Review 63 ,81–97.

宮本美沙子・奈須正裕（1995）『達成動機の理論と展開－続・達成動機の心理学－』金子書房

奈須正裕（2002）『心理学ジュニアライブラリ：
やる気はどこから来るのか－意欲の心理学理論－』北大路書房

Premack,D. & Woodruff,G.（1978）Does the chimpanzee have a theory of mind? The Behavioral and Brain Sciences, 4, 515-526.

Rundus, D.（1971）Analysis of rehearsal processes in free recall. Journal of Experimental Psychology, 89, 63-77.

Squire, L. R. 著，河内十郎（訳）（1989）『記憶と脳―心理学と神経科学の統合』医学書院

田中教育研究所（2003）『田中ビネー知能検査 V』田研出版

Thurstone, L. L.（1938）. Primary mental abilities. University of Chicago Press.

Thurstone, L. L. & Thurstone, T. G.（1941）. Factorial studies of intelligence. University of Chicago Press.

Tulving, E. (1962). Subjective organization in free recall of “unrelated” words. Psychological Review, 69, 344-354.

植木理恵（2002）「高校生の学習観の構造」教育心理学研究 50,301-310

植木理恵（2004）「自己モニタリング方略の定着にはどのような指導が必要か－学習観と方略知識に着目して－」教育心理学研究 52,277-286

和田秀樹（1999）『自己愛の構造―「他者」を失った若者たち』講談社選書メチエ

和田秀樹・大塚寿・奈須正裕・植木理恵（2002）『部下の意欲を２倍にする法
―できる上司のモチベーションマネジメント』ダイアモンド社

Waugh, N. C. & Norman, D. A.（1965）Primary memory. Psychological Review, 72, 89-104.

Weiner,B.（1979）A Theory of motivation for some classroom experiences. Journal of Educational Psychology. 71,3-25.

第６章

Ellis, A.（著），本明寛 野口京子（監訳）（2000）
『ブリーフ・セラピ－理性感情行動療法のアプローチ』金子書房

Hoffman, L.（1981）Foundations of family therapy: A conceptual framework for systems change.: Basic Books.

伊藤順康（1990）『自己変革の心理学：論理療法入門』講談社

Ittelson,W.H.（1952）The Ames Demonstration in Perception. Princeton University Press.

Maslow, A. H.（1971）The farther reaches of human nature. Viking Press inc.

Maslow, A. H.（著），上田吉一（訳）（1998）
『完全なる人間－魂のめざすもの－』誠信書房

森田正馬（1960）『神経質の本態と療法』白揚社

日本家族心理学会（監修）岡堂哲雄・国谷誠朗・長谷川浩・花沢成一・平木典子・
亀口憲治・大熊保彦（編著）（1999）『家族心理学事典』金子書房

野村章恒（1974）『森田正馬評伝』白揚社

岡田明・北村育子（著）（2003）
『内観療法の理論と実際―3つのテーマで自分を変える』ブレーン出版

Rogers, C.A.（2003）Client Centered Therapy: Its Current Practice, Implications and Theory Constable; New Ed.

Rogers, C.A.（著），畠瀬 直子（翻訳）（2007）
『人間尊重の心理学－わが人生と思想を語る－』創元社

Reynolds, David K.（原著），吉坂忍，遠藤博因（翻訳）（1999）
『建設的に生きる　森田と内観の展開』創元社

佐々木雄二（1976）『自律訓練法の実際　心身の健康のために』創元社

白川佳代子・新宮 一成（著）『子どものスクィグル―ウィニコットと遊び』誠信書房

Shultz,J.H.（著），成瀬悟策（訳）（1963）『自己催眠』誠信書房

祐宗省三・春木豊・小林重雄（編）（1984）『新版・行動療法入門』川島書店

Watson, J. B.（1913）．Psychology as the behaviorist views it Psychological Review, 20, pp. 158-177.

Watson, J.B（著），安田一郎（訳）（1980）『行動主義の心理学』河出書房新社

山中康裕（編）（1984）
『中井久夫著作集 別巻（1）H・Nakai 風景構成法』岩崎学術出版社

吉本伊信（1947）『救世真法』信仰相談所

植木理恵（うえき　りえ）
1975年生まれ。心理学者、臨床心理士。お茶の水女子大学卒。東京大学大学院教育心理科修了後、文部科学省特別研究員として心理学の実証的研究を行なう。日本教育心理学会において最難関の「城戸奨励賞」「優秀論文賞」を史上最年少で連続受賞し、現在、都内総合病院心療内科でカウンセリング、慶應義塾大学理工学部教職課程で講師をつとめる。
著者に『ぷち依存生活のすすめ』（PHP研究所）、『部下のやる気を2倍にする法』（和田秀樹氏らと共著、ダイヤモンド社）、『人を見る目がない人』（講談社）、『シロクマのことだけは考えるな! 人生が急にオモシロくなる心理術』（マガジンハウス）、『小学生が「うつ」で自殺している』（扶桑社新書）、『好かれる技術～心理学が教える2分の法則（新潮文庫）、『教育心理学の新しいかたち』（市川伸一氏らと共著、誠信書房）、『教育心理学』（鹿毛雅治氏らと共著、朝倉書店）、『絶対役立つ教育心理学』（藤田哲也氏らと共著、ミネルヴァ書房）など。

フシギなくらい見《み》えてくる！
本当《ほんとう》にわかる心理学《しんりがく》

2010年3月1日　初版発行
2013年12月20日　第27刷発行

著　者　植木理恵
発行者　吉田啓二

発行所　株式会社日本実業出版社　東京都文京区本郷3－2－12 〒113-0033
大阪市北区西天満6－8－1 〒530-0047
編集部 ☎03－3814－5651
営業部 ☎03－3814－5161　振　替　00170－1－25349
http://www.njg.co.jp/

印刷／壮光舎　　製本／共栄社

この本の内容についてのお問合せは、書面かFAX（03－3818－2723）にてお願い致します。
落丁・乱丁本は、送料小社負担にて、お取り替え致します。

ISBN 978-4-534-04683-3　Printed in JAPAN